我国中小城市拥挤收费实施可行性研究

敖翔龙 ◎ 著

西南交通大学出版社
·成 都·

图书在版编目（ＣＩＰ）数据

我国中小城市拥挤收费实施可行性研究 / 敖翔龙著
. --成都：西南交通大学出版社，2023.12
ISBN 978-7-5643-9719-7

Ⅰ.①我… Ⅱ.①敖… Ⅲ.①中小城市 – 交通拥挤 – 收费制度 – 可行性 – 研究 – 中国 Ⅳ.①U491.2

中国国家版本馆 CIP 数据核字（2023）第 255932 号

我国中小城市拥挤收费实施可行性研究	敖翔龙 著	责任编辑 周 杨
		封面设计 GT 工作室

印张	11.75　字数　167千	出版发行	西南交通大学出版社
成品尺寸	170 mm×230mm	网址	http://www.xnjdcbs.com
版次	2023年12月第1版	地址	四川省成都市二环路北一段111号
			西南交通大学创新大厦21楼
印次	2023年12月第1次	邮政编码	610031
印刷	成都市新都华兴印务有限公司	营销部电话	028-87600564　028-87600533
书号	ISBN 978-7-5643-9719-7	定价	58.00元

图书如有印装质量问题　本社负责退换
版权所有　盗版必究　举报电话 028-87600562

前　言

为有效缓解交通拥堵，将交通拥堵负外部性内部化，拥挤收费作为一种交通需求管理手段在伦敦、新加坡等地得到大量应用，然而相关研究大多集中在大城市和特大城市，考虑到我国中小城市的交通拥堵现状和突出特点，有必要系统讨论拥挤收费政策在我国中小城市交通场景中的应用前景。为此，本书从我国中小城市拥挤收费实施可行性研究入手，考虑出行群体间相互影响，依据混合博弈理论和后悔理论分别研究了：假设场景中的城市拥挤收费实施特性差异性；中小城市拥挤收费实施必要性；中小城市现实交通场景下的拥挤收费政策实施方案对比优化等内容。

具体在交通模型的搭建中，考虑了出行者间的相互影响，运用混合博弈理论搭建了交通模型，并在目标函数的搭建中运用后悔理论的思想简化了目标函数结构。在模型求解中将任一策略集中所选路径效用差（即后悔程度）可接受时的状态视为稳定的均衡状态，据此得出不同拥挤收费模式下的交通系统运行状态。

在求解算法的设计中，尝试运用遗传算法（Genetic Algorithm，GA）和序列二次规划算法（Sequence Quadratic Program，SQP）互相迭代进行求解，研究发现通过迭代显著加快了求解过程的收敛速度，有效提高了计算精度。在具体计算中，首先定义约束条件范围内的任一初始种群，再运用遗传算法进行计算，找到局部最优点。然后将之前遗传算法求出的局部最优解作为序列二次规划算法的初值进行计算，得到更优的解。再将序列二次规划算法求出的更优的解作为遗传算法的初始种群中的一支进行计算。如此反复，直至满足收敛条件得出结算结果。

在不同城市拥挤收费实施差异性研究中，通过对比大城市和中小城市交通场景，研究发现同等水平的拥挤收费费用带来的交通系统影响存在显著差异。在大城市交通场景中，拥挤收费实施以后道路服务水平、出行时间均有所下降，交通系统得到一定的改善。而在中小城市交通场景中，随着拥挤收费的实施，交通出行者的出行选择行为出现了严重的不合理倾向，所有出行者都选择非拥挤路径进行出行，这使得非拥挤出行路径拥堵不堪，平均出行时间上升了 32.19%。因此有必要针对中小城市的特点，制定有针对性的拥挤收费实施方案。

在中小城市拥挤收费政策实施必要性研究中，首先搭建了一个包含 30 余万人的中小型城市交通场景，并在路网中心路段尝试实施道路拥挤收费。研究发现，单次出行道路拥挤收费费用仅占平均出行成本的 2 成不到，但是较低水平的拥挤收费仍然可以有效降低总体出行成本，显著改善收费路段的道路拥堵状况。因此，在中小城市实施道路拥挤收费是必要的。

在中小城市拥挤收费政策使用效率研究中，研究发现拥挤收费的实施对于中小城市道路交通系统是有利的，然而其对交通拥堵的改善效率会随着自身费率的提高而下降，且当拥挤收费费率水平高到一定程度后，继续提高费率只能增加出行者的出行成本，并不能改善交通拥堵。而将道路拥堵情况反馈进拥挤收费费率设置函数中后，可以进一步有效提高拥挤收费的使用效率。

最后，在现实场景研究中，通过对比江西省宜春市袁州区在拥挤收费实施前后交通系统的运行状态，发现当新老城区拥挤收费都不实施和新老城区拥挤收费都实施的情况下，系统的交通拥堵情况都十分严重。在这种情况下，随着拥挤收费的征收，交通拥堵并未得到缓解，交通出行成本显著上升。通过进一步对比新、老城区拥挤收费实施方案，发现仅对老城区实施拥挤收费是最有效果的实施方案。

由于作者水平有限，书中难免存在不妥之处，敬请专家和读者不吝指正。

敖翔龙

2023 年 6 月于宜春

CONTENTS
目　录

第 1 章　绪　论 / 001

  1.1　研究背景 / 001
  1.2　研究意义 / 005
  1.3　研究内容 / 006
  1.4　本书结构 / 007

第 2 章　理论背景及依据 / 008

  2.1　交通需求管理 / 009
  2.2　选择行为理论 / 018
  2.3　求解算法依据 / 023

第 3 章　中小城市拥挤收费实施特性研究 / 034

  3.1　研究背景 / 034
  3.2　交通场景及模型 / 045
  3.3　目标函数及求解算法 / 050
  3.4　数据分析 / 054
  3.5　主要结论 / 064

第 4 章　中小城市拥挤收费实施必要性研究 / 065

  4.1　研究背景 / 065
  4.2　交通场景 / 066

4.3 出行选择模型 ／ 072
    4.4 参数设置 ／ 079
    4.5 目标函数选取 ／ 081
    4.6 求解算法 ／ 083
    4.7 数据分析 ／ 085
    4.8 主要结论 ／ 096

第 5 章　中小城市拥挤收费使用效率研究 ／ 098
    5.1 研究背景 ／ 098
    5.2 研究场景 ／ 099
    5.3 出行选择模型 ／ 105
    5.4 固定费率模式下的数据分析 ／ 109
    5.5 关键路段修正下的数据分析 ／ 125
    5.6 两收费模式效率对比 ／ 139
    5.7 主要结论 ／ 141

第 6 章　拥挤收费实施效果案例研究 ／ 143
    6.1 研究背景 ／ 143
    6.2 研究场景 ／ 145
    6.3 出行选择模型 ／ 150
    6.4 数据分析 ／ 156
    6.5 主要结论 ／ 173

参考文献 ／ 175

第1章 绪　论

1.1 研究背景

随着经济的快速增长，我国机动车保有量飞速增加，交通拥堵已经不仅仅是大城市才有的城市问题。在早晚出行高峰期间，不少中小城市的关键路段交通拥堵问题十分严峻，严重影响了城市居民的日常生活，造成了严重的资源浪费。随着我国中小城市的不断发展，相对完善的医疗体制，相对丰富的教育资源，相对便利的生活配套设施和相对广阔的职业发展空间，每年都吸引了城市附近大量农村人口涌入城市。中小城市人口规模和汽车保有量的迅速增长和相对落后的交通配套设施的不匹配，道路资源供给与出行需求的严重失衡，使得中小城市交通拥堵问题更加严重。

据公安部统计，截至 2021 年 6 月，全国机动车保有量达 3.84 亿辆，其中汽车 2.92 亿辆；机动车驾驶人 4.69 亿人，其中汽车驾驶人 4.31 亿人。占驾驶人总数的 92.00%。2021 年上半年，全国新注册登记机动车 1871 万辆，与去年同期相比增加 457 万辆，增长 32.33%，创同期历史新高。汽车新注册登记 1414 万辆，与去年同期相比增加 372.5 万辆，增长 35.76%。载客汽车保有量达 2.52 亿辆，其中以个人名义登记的小微型载客汽车（私家车）达 2.33 亿辆。2021 年上半年，新注册登记载客汽车 1159 万辆，与去年同期相比增加 315.5 万辆，增长 37.40%。截至 6 月底，全国新能源汽车保有量达 603 万辆，占汽车总量的 2.06%。其中，纯电动汽车保有量 493 万辆，占新能源汽车总量的 81.68%。上半年新注册登记新能源汽车 110.3 万辆，与去年同期相比增加 77.4 万辆，增长 234.92%，创历史新高。新能源汽车新注册登记量占汽车新注册登记量的 7.80%。

截至 2021 年 6 月底，全国有 74 个城市的汽车保有量超过 100 万辆，同比增加 5 个城市，33 个城市超过 200 万辆，18 个城市超过 300 万辆。其中，北京汽车保有量超过 600 万辆，成都、重庆汽车保有量超过 500 万辆。苏州、上海、郑州汽车保有量超过 400 万辆。2021 年上半年，全国新领证驾驶人数量 1390 万人，与去年同期相比增加 662 万人，增长 90.93%。

目前中小城市交通发展的主要矛盾已经变为有限的道路交通资源和快速增长的交通出行需求之间的矛盾，特别表现在交通供求在空间和时间分布上的不平衡。相对于大城市交通拥堵，中小城市交通具有自身的显著问题：新老城区交通建设不平衡、道路交通混行现象普遍存在、城市公共交通发展不完善、通勤交通出行集聚现象明显等，如图 1-1 所示。

图 1-1　国内某小城市高峰期交通拥堵严重

根据外部性原则，城市交通中的自驾行为对于其他出行者有明显的负效益，即自驾出行者造成的交通拥堵程度的增加，对其自身产生了不利影响，更为严重的是对交通系统内的其他交通出行者都造成了出行成本的增加。比如一辆小汽车驶入道路网络中，造成某路段通行时间上升 2%，则驾驶该小汽车的出行者自身的通行时间增加了，更严重的是使得该路段行驶的所有车辆（包括公共汽车）的通行时间都增加了 2%。这给他人带来的负效应称为外部成本，但是作为理性的出行个体，当他进行出行选择时，并不会把外部成本考虑进来，只会考虑个人出行成本和个人出行收益。也就是说按供需平衡原理，这会导致仅按照市场运行规律演化得到的系统均衡时的小汽车出行量，将远远超过考虑社会综合效益时所对应系统均衡下的小汽车出行量，显然后者对于整个城市生态系统从长远看是更为合理的。

为了消除交通外部成本的不利影响，通常的做法是通过交通行政或者经济手段将外部成本内部化。相较于行政手段，交通经济手段在出行者的接受度和管理的精细化层面上更具优势，其中比较典型的做法是通过实施拥挤收费政策，优化城市交通出行结构，达到缓解交通拥挤的目的。对拥挤区域的小汽车出行者征收拥挤费用，可以有效消除一部分的负外部性，提高公交出行比例，将小汽车的出行量控制在合理区间，缓解城市交通拥堵，降低城市交通对环境造成的污染。

拥挤收费在国内外诸多著名的大型城市得到实施，对于交通出行方式的优化取得了一定的改善效果。例如，英国伦敦于 2003 年 2 月利用车牌识别技术在城市 21 km² 的核心区域实施交通拥挤收费措施（见图 1-2），并于 2007 年将收费区域"西扩" 19 km²。拥挤收费实施以后，道路交通量在收费时段下降了 30%；公共交通比例增长了 47%；财政收入 10 年累计征收近 13 亿英镑；废气排放量氮氧化物和 PM_{10} 减少了 12%，CO_2 减少了 19%。新加坡在 1998 年 5 月运用专用短程通信技术（Dedicated Short Range Communications，DSRC）和电子道路付费系统（Electronic Road Pricing System，ERP）在城市中心区实施拥挤收费政策，政策实施后，交通量从 16 000 辆/日下降到 13 000 辆/日，高峰期平均车速从 24 km/h 上升到 33 km/h，公交出行比例从 33%提高到 69%，每年上交国库 8 000 万新元。其他例如挪威的厄勒松（Alesund）、奥斯陆（Oslo）、卑尔根（Bergen）、特隆赫姆（Trondheim），瑞典的斯德哥尔摩（Stockholm），韩国的首尔（Seoul），澳大利亚的墨尔本（Melbourne），加拿大的多伦多（Toronto）等地实施过或正在实施拥挤收费政策，都取得了一定的效果。

图 1-2　英国伦敦中心区拥挤收费指示标志

我国中小城市发展至今，城市规模不断扩大，交通基础设施不断完善，交通拥堵问题同样不容忽视。与大城市相比，中小城市交通系统有自身的特点：首先，尚未建成轨道交通这一类长距离大运量的骨干公共交通网络；其次，新城区和老城区道路交通资源发展极度不平衡，新城区路网条件远远好于老城区；再次，工作生活节奏相对较慢，交通出行者对出行时间的敏感性不如大城市居民高；最后，居民收入相对大城市居民较低，出行者对出行费用的敏感性相对较高。针对后两个特点，拥挤收费政策正是通过提高拥挤区域出行费用来引导出行者选择更加合理的出行方式和出行路径。中小城市出行者相对更高的金钱敏感性似乎更容易受到拥挤收费政策的影响；而中小城市出行者相对更低的时间敏感性似乎也更容易接受从相对快捷的自驾出行转移到相对耗时的公共交通出行中来，这符合拥挤收费政策力图达到的优化出行结构的目的。

1.2 研究意义

本研究在交通方式和交通出行路径选择模型的搭建中，考虑了出行者间的相互影响，运用混合博弈理论搭建了交通模型，并在目标函数的搭建中利用后悔理论的思想简化了目标函数结构。交通资源的有限性使得道路交通资源和停车资源属于典型的"俱乐部"产品，一旦出现"拥挤"就会产生明显的竞争性，即当交通出行量达到一定程度以后，新增的交通出行会严重增加已在交通系统中运行的其他交通出行群体的出行成本，可以认为任一交通出行群体的交通出行成本受到其他交通出行者选择结果的影响，因此，在交通方式和交通出行路径选择行为中，交通出行者间的相互影响不容忽视。此外，当出行者发现其他出行选择的出行成本更低时就会产生后悔心态，本研究认为，所有出行者都有使得自身后悔程度最小的动机，即所有出行者都尽量使自身的选择接近不后悔状态，在具体计算中可以将任一策略集中所选路径效用差（即后悔程度）可接受时的状态视为稳定的均衡状态。

在混合博弈模型的求解过程中，运用遗传算法（Genetic Algorithm，GA）和序列二次规划算法（Sequence Quadratic Program，SQP）互相迭代进行求解，显著加快了模型的收敛速度，有效提高了计算精度。在具体计算中，首先定义约束条件范围内的任一初始种群，再运用遗传算法进行计算，找到局部最优点。然后将之前遗传算法求出的局部最优解作为序列二次规划算法的初值进行计算，得到更优的解。再将序列二次规划算法求出的更优的解作为遗传算法的初始种群中的一支进行计算。

1.3　研究内容

为研究中小城市实施拥挤收费政策的可行性，本书从我国中小城市拥挤收费实施可行性研究入手，考虑出行群体间相互影响，依据混合博弈理论和后悔理论分别进行了：① 假设场景中的大小城市拥挤收费实施特性、差异性研究；② 中小城市拥挤收费实施必要性研究；③ 我国中小城市现实交通场景下的拥挤收费政策实施方案对比优化研究。

首先，通过对比大城市交通场景和中小城市交通场景，发现同等水平的拥挤收费费用带来的交通系统影响存在显著差异。在大城市交通场景中，拥挤收费实施以后道路服务水平、出行时间均有所下降，交通系统得到一定的改善。而在中小城市交通场景中，随着拥挤收费的实施，交通出行者的出行选择行为出现了严重的不合理倾向，所有出行者都选择非拥挤路径出行，这使得非拥挤出行路径拥堵不堪（服务水平上升到 1.78 veh/h），与此同时平均出行时间还上升了 32.19%。因此有必要针对小城市的特点，制定有针对性的拥挤收费实施方案。

然后，搭建了一个包含 30.72 万人、8 个交通小区、14 条路段、21 对出行 OD（交通起止点）以及 49 个出行路径选择策略的"单中心-环线-放射状"小型交通场景，并在路网中心路段尝试实施道路拥挤收费。在此基础上，考虑出行群体间的相互影响，依据混合博弈理论和后悔理论，分别建立了拥挤收费实施前和实施后的出行路径选择模型。以各出行 OD 后悔程度最小为目标函数，以各出行 OD 后悔程度可接受为约束条件，运用遗传算法和序列二次规划算法相互迭代进行模型求解。

其次，搭建了总人数为 43.59 万人、路网结构为"双中心-带状"结构的Ⅱ型小城市交通场景，并设计了固定费率和关键路段修正这两种拥挤收费模式，运用混合博弈模型和后悔理论对各拥挤收费下的交通运行状态进行计算，通过数据进行了有效分析。

最后，通过对比"我国典型四线城市——江西省宜春市袁州区"在 4 种拥挤收费实施方案实施前后交通系统的运行状态，来说明拥挤收费政策在现实中小城市交通场景中的实施效果和必要性。

1.4 本书结构

第1章：阐述本研究的背景、目的和意义，论文的整体研究内容和思路。

第2章：国内外研究综述，分为7部分：TDM概述、道路拥挤收费、后悔理论、交通行为学、混合博弈理论、遗传算法、交通分配。在这7部分中详细阐述了研究中采用的方法以及依据的理论思想，并指出了目前研究中存在的问题，为本研究的展开做铺垫。

第3章：分别针对大城市和中小城市的交通路网特性和交通出行特性，对比研究同等水平的拥挤收费费率在不同类型城市中的实施效果，以发现中小城市实施拥挤收费政策的特殊性，突出针对中小城市进行此类研究的必要性。

第4章：本研究考虑出行群体间相互影响，依据混合博弈理论和后悔理论，研究了拥挤收费政策在我国典型中小城市的实施效果，以讨论我国中小城市的拥挤收费政策适应性问题。

第5章：对比了不同收费水平和收费模式下的交通系统运行状态，试图发现中小城市最有效率的拥挤收费实施水平。

第6章：通过对比我国典型中小城市 —— 江西省宜春市袁州区在拥挤收费不同实施方案实施前后城市道路交通系统的运行状态，来探寻拥挤收费在现实中小城市交通场景中的最佳实施效果和实施手段。

第 2 章　理论背景及依据

本书基于交通工程学（Traffic Engineering）的相关理论进行研究。交通工程兴起于 20 世纪 30 年代，美国在 20 世纪 30 年代正式成立了交通工程师协会（Institute of Transportation Engineers，ITE），这标志着交通工程学科的正式诞生。在诞生伊始，交通工程学科的专业技术人员针对当时比较突出的交通问题，主要探讨了加强交通管理、缓解交通阻塞和提升交通安全等有关社会问题。1940 年之后该学科的专业人员开始涉足交通规划问题。1950 年之后则进一步关注交通系统中存在的中、微观方面的问题，创立了交通流理论，开始研究人、车、路三者在道路交通中的相互关系。1960 年之后在交通工程中主要关注交通公害问题，并开始尝试应用计算机系统来实时控制信号灯、处理资料和制订规划。1970 年之后，把注意力又放在了如何统筹交通系统中的各个组成部分，并在交通工程领域引入系统工程的知识。交通工程学通过把人、车、路、环境及能源等与交通有关的几个方面综合在道路交通这一统一体中进行研究，以达到经济、方便、安全、舒适、节能、低公害及迅速的目的。其主要宗旨是在人、车、路、环境共同组建的交通系统中，寻求道路通行能力最大、交通事故最少、运行速度最快、环境影响最小、运输费用最省、能源消耗最低的交通系统规划、建设与管理方案。

交通工程是一门综合性极强的交叉性学科，在交通工程学的研究中，除了工程学科常用的基本知识以外，还需要掌握丰富的社会学、经济学、心理学等多学科的综合知识。而具体在本书的研究中，主要参考和学习了交通需求管理、后悔理论、交通行为学、博弈理论、遗传算法和交通分配等基础理论及方法，并在中小城市拥挤收费场景中进行了一定程度的运用。

2.1 交通需求管理

2.1.1 TDM 概述

交通需求管理（Transportation Demand Management，TDM）是指为了提高交通系统效率、实现特定目标（如减少交通拥挤、节约道路及停车费用、保障安全、改善非驾驶员出行行为、节约能源、减少污染等）所采取的影响出行行为的政策、技术与管理措施的总称，拥挤收费作为交通需求管理的重要手段之一在世界各国得到广泛应用。

交通需求管理所要解决的最根本问题，就是交通供需矛盾。随着社会进步、人们生活水平的提高，交通需求不断增大，而交通供给不可能无限制地增长，它将受到土地这种不可再生资源的条件约束。于是人们开始寻求新的解决方法——管理交通需求。解决大城市交通问题的理念由单纯提高供给，转为对交通需求进行控制，其效果已经被很多城市有效的交通改善成果所证明。交通需求管理的迅猛发展，正说明从交通需求解决交通问题的思路已经得到了业内人士的认同。

从交通出行的几个阶段来看，交通需求管理的措施包括：① 在出行产生阶段，尽量减少弹性出行的产生。如以电信方式代替出行（电信会亲访友、网上购物、电视电话会议、网络办公/电子通勤等），压缩工作日（如在一段时间内，延长一天的工作时间，减少工作的天数），通过行政手段限制车辆的拥有量。② 在出行分布阶段，将出行由交通拥挤的目的点向非拥挤的目的点转移（如实行区域限行措施），优化城市布局。③ 在出行方式选择阶段，将出行方式由小汽车方式向集约化方式转移，如对小汽车方式实行抑制措施（如收取停车费、通行费）或对公交、自行车、步行等交通方式实行鼓励措施（如乘车费的调整、公交优先、自行车及步行环境改善等），以促进人们选择集约化或低耗能的交通方式，保持各种运输方式宏观上的供需平衡。④ 在空间路线选择阶段，将出行由交通拥挤的路线向非拥挤的路线转移。如采用先进的信息技术向出行者提供实时交通信息，或通过强制收费或价格优惠，使出行者避开拥挤地段等。⑤ 在时间段的选择阶段，将出行由交通拥挤的时间段向非拥挤的时间段转移。如采用先进的信息技术向出行者提供实时交通信息，让出行者错时出勤，或通过价格策略使出行者避开拥挤时段。

交通需求管理的相关研究如下：范晓威等（2021）以第七届世界军事运动会（武汉军事运动会）为例，结合武汉市自身交通需求特点和要求，结合当前军事运动会提出了大型活动交通需求管理政策的具体规则，对其实施效果和社会影响进行评价。评价结果表明，交通需求管理政策可以用来减少城市居民的日常出行对大型活动的影响，这赢得了武汉市民的高度支持与合作，并确保专用车辆的到达和离开的时间，以有序的方式实现"双赢"的政策实施效果[1]。李晓玉等（2020）系统总结和分析了广州市交通需求管理策略的应用措施。首先，总结了广州市交通需求管理策略的发展历程，结合广州市不同出行阶段实施交通需求管理的目标、策略和手段，构建了广州市交通需求管理措施的基本框架；其次，系统分析了广州市在出行生成与分配、出行方式选择和时空分布调整阶段实施的交通需求管理政策；最后，从规划指导、数据支撑、技术手段等方面对城市交通需求管理规划应用系统建设提出了一些思考[2]。马骅（2019）系统回顾了国内外城市交通需求管理政策的实践经验和教训，如公交改进、拥堵费、低排放面积、车辆尾数限制、停车费、配额拍卖等，总结并提出了我国城市可持续发展交通需求管理的建议[3]。刘炳全等（2020）通过对私家车和城市轨道两种交通出行方式的交通出行需求分析，考虑私家车模式的目的地停车服务，建立了以路段环境容量和目的地停车需求容量联合约束的交通需求管理模型。该模型中路网用户的出行方式采用 Binary Logit 模型计算，而私家车的路径选择行为遵循 Logit 随机用户均衡，因此该模型是一个不动点约束的数学规划问题。针对该模型求解难度大等问题，采用灵敏度分析来获取各路段流量和需求量关于目的地容量波动的梯度信息，设计了一种新的灵敏度分析算法。最后通过数值仿真实验验证了算法的有效性，并分析了不同停车收费参数对模型各指标变化趋势的影响[4]。禹乐文等（2019）根据需求管理的4个层次，探讨了碳排放对需求管理措施的影响，并在此基础上，基于出行分布熵模型，建立了低碳背景下需求管理多目标双层次规划模型，然后，针对停车换乘（Park & Ride）现实案例，使用遗传算法进行求解，并对模型的可靠性和准确性进行了分析[5]。

余水仙等（2020）系统回顾了新加坡、北京、上海、南京、香港、东京等国家和特大城市交通需求管理政策的制定过程，对典型政策的实施进行了分析和探讨，对政策实施的全过程进行了跟踪和评价。针对特大城市交通需求调控政策，提出了优化实施时间、以转变行政手段为指导、以提高城市交通需求管理水平为目标的发展建议。以经济手段的转变为主导，从强制控制车辆拥有率向强制控制车辆使用率的转变，综合采取各种配套政策，建立长效评价机制[6]。熊杰等（2019）在阐述城市交通需求管理内涵的基础上，结合大数据和信息产业的应用背景，提出了以大数据为支撑的交通需求管理系统框架。然后，从出行总量控制、出行分布调整、出行时间平衡、出行空间平衡和交通结构优化5个维度分析了城市交通需求管理政策的制定思路和机制。最后阐述了大数据对交通需求管理策略绩效评价的支撑作用[7]。蔡润林等（2018）通过对苏州交通发展现状和挑战的分析，以及未来发展趋势的分析，明确了交通政策的制定方向；并在分析现有交通政策的基础上，借鉴先进城市的经验，构建了苏州交通政策的发展目标和框架，包括交通用地、投资、设施建设、市场运作、需求管理、交通环境等；在此基础上，提出了差异化停车费、客车总量控制、古城交通拥堵控制、公交票价、电动自行车管理等交通需求管理政策指引，并确定了实施方案[8]。

包贤珍（2017）基于新加坡、上海等城市交通需求管理策略的经验，结合深圳城市交通需求管理现状，从交通出行生成、出行分布、出行方式选择和出行时间空间分布4个不同阶段，探讨了汽车增量调控背景下深圳市交通需求管理策略的优化建议和发展方向[9]。李庆印等（2016）针对交通需求管理措施之间缺乏协调机制的问题，从交通需求管理的发展现状出发，分析总结了需求管理措施和机制的优缺点；提出了交通需求的广泛化、秩序化、多样化和派生性特征，分析了其对交通需求管理的影响；最后，结合多年的交通管理经验，提出了以综合交通规划为主，辅以现代信息技术和经济手段的创新需求管理理念。并从 3 个方面研究了交通需求管理机制的创新应用措施，可为城市交通管理政策的制定提供指导和参考[10]。张卫华等（2015）考虑出行者出行行为与交通系统运行状态、交通系统能耗之间的关系，建立了公交和私家车双模式下的随机用户均衡模型和交通系统达到平衡状态时的总能耗模型，阐明了通过调节出行行为来控制交通能耗的出行需求管理政策机制，并将交通政策抽象为双层规划模型。实例分析表明，该模型能够定量反映不同交通需求条件下，实施道路拥堵收费和公交优先措施对交通能源消耗的影响[11]。沈颖洁等（2014）分析了南京郊区（东山、秣陵街道）通勤交通的特点及存在的问题，从土地利用、交通方式多样化、机动车管理等方面提出了相应的长途通勤出行的综合交通需求管理策略。从而达到优化郊区通勤交通结构，提高郊区通勤质量的目的，为进一步实施交通需求管理提供了参考[12]。谭永朝等（2012）为全面、科学地评价杭州市"错峰限行"交通需求管理措施的实施效果，总结实施经验，对措施的决策、实施和效果评价进行了研究。描述了决策过程中的考虑因素和组织实施的特点，根据近 6 个月的实时监测和动态评价，分析了"错峰限行"措施实施后城市交通运营的变化和公众感受，指出由于在决策和实施过程中考虑公众情绪，实施"错峰限行"措施不仅对改善交通拥堵有明显的影响，而且还赢得了大多数公众支持[13]。

2.1.2　道路拥挤收费

广义上说，拥挤收费是城市道路收费，是由庇古（Pigon）1920 年提出的理论性概念，可将交通运输的外部成本内部化。交通运输最主要的外部性是交通拥挤。拥挤收费的核心理念是根据个体和社会成本对道路使用者进行差别收费，以补偿道路使用的社会边际成本。实施拥挤收费可缓解拥堵、减少环境污染，所收费用可用于补偿受外部性影响的社会群体，例如纽伯里（Newbury）道路收费。拥挤收费也可作为交通治理综合措施的一部分应对环境的外部性。

根据社会经济学理论，最佳的拥挤收费能以最小的综合个体成本（Collective Individual Cost）最大化缓解拥堵。拥挤收费可以是消极的、中立的、积极的，这取决于不同的区域类型、设计方案及采用的模式。拥挤收费通常被看作理论最优解决方案，而现实中由于受到众多阻碍和约束，并非理想选择。借助更"温和"的实施途径，可使拥挤收费措施更加可行，如北京的限行措施可作为实施拥挤收费的中间过程。现实中，应考虑从制度和行动上加以约束，将拥挤收费作为交通问题综合解决方案的一部分。

拥挤收费作为以缓解交通拥堵为目的的城市道路收费政策的一种，其核心思想是通过对拥挤区域的小汽车使用者征收一定的费用，使得交通运输的外部成本（如环境污染，增加公交通行时间，自行车和行人的交通安全成本等）内部化，确保城市交通系统内各出行者的公平和系统的运行效率得到兼顾。由于交通拥堵一直以来都是交通运输产生的最主要的外部性成本，对交通拥堵的改善便成为了交通拥堵收费的最主要实施目标。

拥挤收费本质上是一种交通需求管理的经济手段，目的是利用价格机制来限制城市道路高峰期的车流密度、控制交通出行需求、调整出行路径、调节交通量的时空分布、减少繁忙时段和繁忙路段道路上的交通负荷、提高道路设施上出行者的通行速度，从而满足道路使用者对时间和经济效率的要求。通过道路拥挤收费还可以有效促进交通方式向高容量的公交系统转移，抑制小汽车交通量的增加。实施交通拥挤收费的城市需要具有以下特性：高峰期容易产生持续性大范围的严重交通拥堵；有实施过其他交通需求管理措施减少拥堵的经验；电子收费和监控系统完备；有比较完善且有"潜能"的城市公共交通系统作为替代出行方式。拥挤收费可以缓解拥堵、减少环境污染，所收费用可用于补偿受外部性影响的社会群体。因此，拥挤收费也可作为交通治理综合措施的一部分应对环境的外部性。

根据拥挤收费的核心理念，拥挤收费政策应该对道路使用者进行差别收费，以补偿不同时间价值使用者的社会边际出行成本。在伦敦，广泛的公共汽车服务以及交通拥挤收费措施使公共交通出行比例提升，加之各种措施综合作用，显著降低了私家车公里数。众多城市实施拥挤收费的案例都从不同侧面说明，只有与其他措施综合实施（例如改善公共交通系统服务），收费措施才能发挥最大的效用。可以说，交通拥堵收费是一种可以使外部效应内部化，克服交易成本制约从而降低社会时间价值损失的制度安排。因此，分析交通拥堵收费的理论框架应该能够描述不同出行者时间价值和拥堵程度的关系，以及费用本身的福利影响。因此，有必要分析征收交通拥堵费对不同出行者出行选择的影响。

通过以上分析，可以总结出以下几点主要的结论：随着城市规模扩大和人口增加，选择小汽车出行的出行者将会越来越多。由于外部性的存在，在不征收拥堵费的情况下，交通拥堵的程度总会发展到高于社会总效用最大的拥堵水平。征收拥堵费的效果也受到其他可替代的交通方式的便利程度的影响，如公共汽车和地铁。公共汽车和地铁等公共交通方式越发达越便利，征收拥堵费减缓拥堵的效果就越理想。放任拥堵对高时间价值出行者更加不利，考虑出行者时间价值的差异，低时间价值出行者对高时间价值出行者的挤出会造成额外的社会效率损失。

在拥挤收费的相关研究中，祝进城等（2015）建立了多方式分担模型来分析拥挤收费背景下出租车是否也应征收拥挤费问题，并设计了求解模型的遗传算法。在具体研究当中，他利用双层规划模型对该问题进行了描述，其中上层规划为社会福利的最大化，下层规划为组合网络均衡模型，并构建了与之等价的变分不等式。结果表明，是否应该对拥挤收费区域内的出租车征收拥挤费，主要取决于私家车与出租车的单位距离运营成本之比。通常情况下，当二者的比值小于 5.6 时，对出租车征收拥挤收费可以获得较大的社会福利[14]。

姚红云等（2008）基于时间价值不同的多类型用户特性，提出了弹性需求下异质出行者的拥挤收费模型,并以一个简化的路网实例比较了异质出行群体拥挤收费模型与同质出行群体拥挤收费模型的区别。研究表明:当费率水平较高时,同质用户的收费模式会低估了路网的流量和社会效益,当费率水平较低时,同质用户的收费模式会高估社会效益和路网的流量。此外,同质出行群体的拥挤收费模型中路网社会效益和利润区域对应的道路通行能力区间较宽,费率水平区间较窄,而与之对应的异质出行群体的收费模型中路网社会效益和利润区域对应的道路通行能力区间相对较窄,费率水平区间较宽[15]。

胡怡玮等(2014)利用变权层次分析法,对拥堵收费状态下出行者路径选择决策问题进行了分析研究。首先,将路径选择的结构划分为目标层 A、准则层 C、准则层 D 和措施层 P。然后,选取以 Logit 模型为准则层的权重激励(惩罚)变权,综合考虑每条路径的行驶费用、行驶距离、行驶时间及道路基础设施状况对于目标层的评价值,出行者按照评定的优先级向量,进行路径选择。最后,通过算例来说明如何应用该方法来提高交通系统的运行效率,优化系统中所有出行者的出行路径选择习惯[16]。

赵昕等(2015)建立了游客出行方式选择行为的 Mixed Logit 模型,结合北京游客的出行调查数据,将出行链总时间和总费用作为出行方式选择的主要影响因素,用以量化景区周边道路实行拥挤收费政策后旅游出行方式分担率的变化。并在此基础上,对实行不同费率下的游客出行方式选择行为进行仿真分析。发现出行方式选择模型的效用函数中出行时间系数服从正态分布,出行费用系数服从均匀分布,拥挤收费的效果与出行距离和出行链复杂程度因素相关。研究表明:收费对短距离出游的游客影响很小,出行距离越长,转向公共出行方式比例越高;游客在出行时间价值和出行费用偏好方面存在明显的异质性;且随着出行者出行链的复杂程度的增高,其转向公共出行方式的比例也逐渐提高[17]。

眭荣亮等(2014)探讨政府在高峰时段采用拥挤收费政策的情形下,不同收入水平出行者出行方式的选择行为。运用累积前景理论,建立了出行者方式选择行为模型,并采用算例分析了不同收费模式和标准对出行者出行方式选择行为和习惯的影响。研究表明：当拥挤收费水平提高到一定程度之后，出行者的出行方式将必然发生改变。在搭建的假设场景中，对于高收入者，出行方式选择的改变阈值为，拥挤收费大于等于 6 元；而对于中、低收入水平的出行者，当分别收取 3 元、2 元的拥挤收费时，驾驶小汽车的出行者的出行方式必然发生变化[18]。

王瑜等（2015）针对非公务出行与公务出行的特点，分析了拥挤收费实施之后，公务出行可能造成的影响，提出了具有针对性的将公务出行外部成本内部化的交通管理措施，建立了相应的拥挤收费模型，用以分析内部化措施前后的交通系统运行状况。算例表明：在最优收费策略下，从总出行量、路网总成本、公共交通分担量以及社会福利方面，内部化后的拥挤收费效果总是优于没有采用针对公务出行的内部化成本措施时实施的拥挤收费政策效果，而且二者的差距随着出行者时间价值的增大而显著减小[19]。

李志瑶等（2005）应用基于活动的出行需求预测方法，分析了居民出行的时间分布规律与影响居民出行时间选择的因素，分别建立了出发和到达时间选择模型，用长春市居民出行调查数据对模型进行了标定和验证。用已建模型对比评价了两种拥挤收费政策，证明了调整高峰时段小汽车出行费用策略不仅可以使居民的高峰时段出行减少大约 18%，而且可以抑制小汽车出行，调整城市交通方式分配结构，说明已建模型可以全面有效地进行交通需求管理政策的评价[20]。

Mahmood Zangui 等（2013）讨论了如何针对不同的属性群体，在拥挤收费定价时进行区分。他发现这个计划能有效地减少出行旅客的经济负担以及交通拥挤。此外，为推动车辆跟踪设备的安装，他设计了一个激励计划来降低交通的旅客对隐私的关注并引导他们分享自己的位置信息[21]。

Hirao 等（2003）基于出行者对行程时间不确定的考虑构建了模型。对拥挤收费，停车换乘和其他交通需求管理措施的实施效果进行了分析评价[22]。

Yan Yin 等（2014）在一个拥挤的道路网络中，基于多准则决策方法，研究了道路通行费定价和投资问题，提供了一个途径以权衡出行者和交通管理者之间相互冲突，并以此为目标来设计可持续交通系统框架[23]。

Anthony E. Ohazulike 等（2013）提出了一个基于 OD 分布的拥挤定价模型，用于解决缓解交通外部性研究中的交通分配问题。结合算例表明，与无收费场景相比，这种基于 OD 分布的收费方案能显著提高系统的福利[24]。

Van den Berg 和 Verhoef 等（2014）发现，对于道路使用者，道路交通拥挤收费会使具有较高时间价值的出行者获得更多的利益。但对于轨道交通使用者，拥挤定价并未在具有较高时间价值的出行者身上表现类似的规律[25]。

Adam N. Letchford 等（2014）表明，在原始的单层道路网络结构，而不是多层网络图中，则无论在理论上和还是实践中，都可以更快捷地求出最优的拥挤收费定价策略[26]。

Marco Percoco（2014）运用具有针对性的方法评价了拥挤收费政策对住房市场的影响，为影响区域内房价的下降提供了理论支持[27]。

Claus Hedegaard Sorensen 等（2014）分析了在众多国家和城市实施的拥挤收费政策的实践经验，包括伦敦 2003 年、斯德哥尔摩 2006 年和瑞士 2001年实施的用于缓解城市道路拥挤的拥挤收费政策。认为这些案例的成功或失败的经验可以有效提高今后拥挤收费政策的实施成功率[28]。

Jones（1991）提出，当有足够的道路资源时，拥挤收费可以提供一个明确的市场信号，对城市交通系统的运作产生显著影响[29]。

Diana Vonk Noordegraaf 等（2014）研究了一组影响每个案例实施效果的广泛的综合性因素，其中最突出的是政治和公众的支持。结果表明，一般因素只占所有影响因素的 27%。根据分析结论，他认为官方需将许多具体案件的客观和主观因素考虑进去，而与配套政策的综合实施将会对实施过程做出积极贡献。最后，探讨了希腊雅典拥挤定价未来的潜在用途[30]。

Georgios Sarlas 等（2013）邀请了一组权威专家，以一系列面对面访谈的形式，讨论了有关治理交通拥堵的问题。讨论结果表明，对于雅典的可持续交通系统，虽然目前有更直接的手段来缓解交通拥堵，但今后一段时间内，城市道路通行费可能仍会是一个有用的辅助工具[31]。

Goodwin 等（1989）提出了道路收费收入再分配三原则；建议将拥挤收费定价的收入用于三个方面，即地方政府的需求，城市道路建设（如快速铁路和其他交通设施）和改善公共交通[32]。

Small（1992）提出了基于道路收费收入公共交通的具体改进方案，并建议通过减少税收和运输费的形式将 2/3 的税收返还给出行者，剩下的钱则用来改善交通条件[33]。

Seona 等（2005）分析了不同人群的拥挤收费再分配时，不同道路收费标准下的不同反应，得出最佳的再分配模式是使用道路收费收入用于提高公共交通服务水平和维护道路基础设施[34]。

2.2 选择行为理论

2.2.1 后悔理论

在现实生活中，人们在做出选择之后通常会产生后悔情绪，具体来说指做错了事或说错了话，心里自恨不该这样。后悔的产生必须有两个先决条件：一种是个人行为的结果不好（或相对不好）；另一种是通过改变已经完成的行动可以获得好的（或相对更好）的结果。关于后悔的心理学研究是在反事实思维的框架内进行的，反事实思维将后悔定义为将事件的真实结果与假设结果进行比较的过程，该假设结果优于真实结果并伴有的痛苦情绪。卡尼曼（Kahneman）和米勒（Miller）描述了人们如何比较过去以产生不同的结果，它们可以分为两类：第一类是认知结果。人们重构过去的事实之后，他们会对当前行动（或不作为）的后果做出判断；第二类涉及影响情绪的结果，通过将其与可能发生或应该发生但没有发生的其他可能事实进行比较，人们对现在发生的事情产生或好或坏的感受。

贝尔（Bell）和卢姆斯（Loomes）于 1982 年指出选择性分支的效用函数中包含诸如喜悦和遗憾之类的主观因素，并独立提出了"后悔理论"，把后悔描述为一种通过比较给定事件的结果或状态和被选择的状态而产生的情绪，大多数后悔理论研究者也相信，一个人会提前评估他对未来事件的预期反应。例如，在习惯品牌和非习惯品牌之间进行选择时，人们可能会在做出选择之前进行预评价，而这种心理暗示是不完全理性的：他们会认为，当他们选择一个不习惯使用的品牌时，糟糕的体验所造成的遗憾比选择习惯品牌造成的遗憾更大，这种预评价现象也是消费者很少选择非习惯品牌的主要原因。

在交通工程领域，后悔理论也得到了非常重要的应用。基于其基本假设和思想，在交通预测四阶段模型的交通方式划分阶段，考虑出行者的个人属性，在离散选择的基本前提下，Probit 模型、NL 模型（Nest Logit Model）、Mixed Logit 模型等发挥着重要作用。在这些模型中，假设个人对选择分支的效用以效用确定性项和随机项组成。通过 Gumbel 分布和多维正态分布来估计随机项，并通过最大似然估计来校准模型参数。由于概率表达式的显式特征，该模型具有快速求解和方便应用的优点。这使得 Logit 模型在交通出行选择研究领域得到广泛使用。具体来说，当模型选择策略设置为常数时，只要效用函数的分支中每个变量的有效性发生变化（如停车费、公交车票等），就可以直接求解新场景中的选择概率，减少了调查成本，提高了模型的适用性，延长了模型的生命周期。

在后悔理论的相关研究中，张结海（1999）发现，现实生活中最大的后悔不是"做"，而是"不做"。参照麦维杰的后悔与回顾时间思维模型，提出了长期后悔与短期后悔相统一的一致性后悔模型，即长期后悔与短期后悔也服从"状态变化—状态继续"的规律[35]。

鲜于建川等（2012）研究了城市交通出行者的出行方式选择行为。利用随机后悔最小化理论和随机效用最大化理论分别建立了 PUM-MNL 模型和 RRM-MUL 模型，并在拟合优度和模型参数方面进行了比较。在此基础上，他还分析了两种模型在交通管理措施评价方面的差异，并通过调查数据进行了验证。与 PUM-MNL 模型相比，RRM-MUL 模型更能描述多属性方案选择过程中的权衡效应和部分补偿决策行为，更能真实反映实际出行行为选择过程；对于相同的属性变量，出行者有不同的选择偏好，表现出不同的选择行为[36]。

张顺明等（2009）总结了后悔理论的发展历程，认为在放弃独立原则的前提下，Loomes 和 Sugden 将后悔与欣喜带入个体风险决策的偏好关系中。建立了非传递双变量函数和后悔理论的公理系统。后悔理论可以很好地解释期望效用理论无法解释的阿莱悖论、埃尔斯伯格悖论、偏好反转现象、确定性效应、反射效应、分离效应和共同比例效应等异常现象，可应用于决策理论、资产定价等金融领域[37]。

张晓等（2013）认为如何将行为决策理论引入风险决策模型是一个值得研究的问题，研究发现在一些实际的风险决策问题中，必然要考虑决策者的心理行为。为了解决属性值和状态概率均为区间数的风险多属性决策问题，通过计算效用函数中各属性的效用值和后悔值，得到决策者对各方案的感知效用，然后通过构建综合感知效用最大化优化模型以计算最优选择策略，并通过实例验证了该方法的合理性[38]。

闫祯祯等（2013）基于期望后悔效用差异理论，构建出行信息获取前后的感知价值模型，计算风险规避决策与交通信息行为模式比较下的出行信息主观感知价值。该模型考虑了通勤者在路线选择中可能遇到的不确定因素，采用贝叶斯更新方法计算通勤者在获得交通信息后对道路状况的认知增量[39]。

Hamed Poorsepahy-Samian 等（2012）提出了一种新的基于博弈论的水量分配方案。该方法主要包括 5 个步骤：首先进行水权和排放许可的初始分配；然后形成可能的同盟，优化水权和排放权分配；再让用水用户参与同盟，以增加其总净收益，继而通过合作博弈论的一些概念实现公平的利益分配；最后让最大系统遗憾最小化，确定水污染物排放许可的最佳分配策略。实际调查结果表明，该系统适用于伊朗卡伦河流域[40]。

Giselle de Moraes Ramos 等（2011）对期望效用理论、应用前景理论和后悔理论进行了比较分析。具体研究了在有或没有信息提供的情况下，基于经验数据集的路径选择行为。结果表明，虽然期望效用理论模型被广泛应用，但前景理论更适用于交通场景，尤其当提供信息时，前景理论的优势更为明显。实证研究表明，在交通场景中，与期望效用理论相比，使用基于前景理论的模型规范来捕捉乘客行为是更好的选择[41]。

2.2.2 交通行为学

在交通行为学的相关研究中，刘天亮等（2007）考虑了路径引导系统支持的交通网络中存在两种类型的出行群，一种是配置 ATIS（Automatic Terminal Information Services）系统，另一种是不配置 ATIS 系统。其中，假设有 ATIS 的出行者会接受交通中心的指挥，按照系统优化的原则选择路线；而没有 ATIS 设备的出行者则根据个人出行费用最低的原则选择出行路径。为此，建立了一个变分不等式模型来模拟混合出行行为，推导了混合交通行为网络与效率损失的上界，并以多项式路段效用函数为例给出了一些上界的特殊值[42]。

秦萍等（2014）基于 2010 年北京市居民工作出行调查数据，构建了 Mixed Logit 模型。根据模型的计算结果，分析了各出行方式的时间价值、时间弹性和价格弹性，为交通政策的评价和建议提供了实证分析数据。研究发现，节约公共交通出行时间的交通政策可以最有效地调整人们对公共交通出行方式的选择，这是因为人们对公共交通和地铁的车内时间价值表现出更高的敏感性[43]。

孙亚南等（2014）通过构建驾驶行为模型来研究个人特征与交通拥堵的关系。他首先运用模糊评价法，根据实际调查数据，将道路交通拥堵程度分为轻度、中度和重度，然后通过构建驾驶员的驾驶行为模型，回归分析了驾驶员三种操作行为的变化规律及拥挤路段的停车频率，为改善司机的驾驶习惯和缓解城市道路交通拥堵提供理论支持[44]。

周家中等（2014）基于多模式交通网络中的交通距离约束条件，分析了简单出行链的备选路径，推导出了基于熵的多模式交通出行链选择模型。并结合实例给出了参数估计和先验概率选择方法，然后将该模型应用于成都市区的出行样本数据，对模型进行检验[45]。

耿雪等（2008）对非黄金周城市的旅游交通行为进行研究，以规划和指导科学合理的旅游路线。设计了一份针对当地居民和外国游客的调查问卷，对北京市五个主要景点的旅游交通行为进行了调查。在此基础上重点研究了两类游客出行特征的差异，如出行方式、出行目的、出行规模、出行时间等。得出两类游客都有自己独特的旅游方式和北京经典的旅游线路。最后提出了中央景区旅游公交专线的设计方案，以指导缓解旅游旺季城市的交通压力[46]。

吴文祥等（2008）首先构建了具有两条平行路径的交通路网，并在路网中建立双层规划模型，描述了出行者对日常交通信息的修改和路径选择行为，并对模型进行求解。结果表明，该方案存在最优信息发布策略，使系统在演化过程中逐步逼近最优[47]。

吴文祥等（2003）将双路径网络中信息对交通行为影响的分析扩展到具有平行路径结构的一般道路网络中，并通过建立确定性均衡和随机均衡分配模型，分析了信息发布对交通系统平均出行成本的影响，研究了出行人员行为的随机性程度与交通系统运行的关系[48]。

石建军等（2008）认为交通管理部门在发布交通信息时，应对交通出行者的交通行为进行引导和规范，因为交通信息客观上引导了一部分交通行为。他认为，交通管理部门可以基于出行者的心理特征、社会特征等，制定不同的信息发布策略，诱导出行者在出行过程中做出科学合理的策略选择。可以说，交通引导信息的机制是由需求、目的、知识、激励和奖励等主导的心理过程的决策结果[49]。

关宏志等（2005）通过调查，从行为分析的角度出发，在对旅游交通行为进行调查分析的基础上，利用 Logit 模型，分别建立了全国和北京市的周末自驾车旅游出行行为模型。根据 Logit 模型标定的结果，发现收入将会成为未来几年内影响个体自驾车旅游出行的最主要因素[50]。

Hamish Jamson 等（2013）通过回顾以往的研究发现，汽车高度自动化会降低驾驶员对车辆行驶位置的感知程度。这种未来的车辆设计还带来了潜在的好处，提高了安全性，减少了司机的工作量。设计良好的自动化系统可以让驾驶员的视觉注意力远离道路，专注于车辆的行驶任务。共有 49 名驾驶员参与使用驾驶模拟器，让驾驶员看到、听到、感受到自己的车辆自动处理系统对车辆驾驶的影响。驾驶员体验自动化通常不需要他们临时做出手动控制行为，比如超车，从而增加了行驶时间。参与者对前方道路的视觉关注越来越少，但这并不表示他们会更加关注繁忙道路上的交通状况，这意味着需要实施更严格的车辆自动化管理措施来改善这一现象[51]。

2.3 求解算法依据

2.3.1 混合博弈理论

交通运输系统是一个巨大的复杂系统，其中存在着各种政治因素、人为因素、随机因素和意外事件。事实上，任何一项政策的制定和实施都与决策者与政策调控对象之间的相互制约和影响密切相关。所有的交通政策行为及其效果都是一系列相互依赖、相互影响的理性决策的结果。这种理性决策行为是双方的博弈行为。因此，在研究政策行为及其效果时，必须考虑博弈各方决策行为的相互依赖性和相互影响，不能忽视其个体理性和信息对博弈均衡的制约和影响。在完全信息博弈中，如果博弈模型在每个给定的信息条件下只选择一种特定的策略，并且只使用 0% 或 100% 的概率进行选择，则该博弈模型称为纯策略博弈。如果在每个给定信息下，不同策略的博弈行为只有一定的概率（0%~100%）被选择，则称为混合策略博弈。即纯策略是混合策略的一种特殊情况，混合策略是纯策略在空间上的概率分布。显然，纯策略的效益可以用效用价值来表示，而混合策略的效益只能用期望效用价值来表示。大约在 1980 年，混合策略的基本假设前提，即根据概率选择，被认为缺乏在现实生活中决策行为的支持，因为在那个时候学者认为，没人能在缺少随机数发生器的帮助下做出随机决定。混合策略博弈的便捷性可以为决策系统提供一个或多个精确稳定的纳什均衡解，在预测未来交通系统时，它被广泛用于模拟未来稳定的交通状况。

在混合博弈论的相关研究中，巩继伟等（2010）首先给出了纯策略集是紧度量空间的多目标连续混合博弈弱帕累托纳什均衡点的定义。证明了混合弱帕累托纳什均衡（1952年格里克斯伯格证明的混合策略纳什均衡）的存在性[52]。

邓宏钟等（2002）提出了一个多智能体建模与仿真的综合方法体系，对经济中的多智能体混合博弈进行仿真分析。通过分析经济系统中经济对象的博弈行为，利用群体仿真软件平台生成博弈模型。最后，研究分析了博弈对象数量、博弈半径和博弈规则对博弈结果的影响[53]。

曾思育等（2001）首先从信息经济学的角度，分析了排污检查中管理者与被管理者之间的行为特征及关系，探讨了现有的控制方法，并在此基础上，以信息为控制重点，研究确定工业企业水污染物排放总量的科学方法[54]。

王宇等（2013）基于博弈论的思想，提出了基于混合博弈的竞争模型，将合作博弈与非合作博弈相结合，将虚拟网络划分为不同的服务类型，并提出了相应的各种虚拟网络资源的动态分配方法[55]。

谢能刚等（2008）将设计变量集划分为每个参与者所拥有的策略空间来仿生蜥蜴群体的繁殖和生存机制，将繁殖蜥蜴的行为模式分别定义为集体主义、机会主义和利己主义。在这种假设下，多个设计目标被视为不同的博弈参与者。根据蜥蜴的行为特征，建立了蜥蜴自身博弈收益函数与目标函数的映射关系。其中，每个博弈者都以自身博弈的利润最大化为目标，在各自的策略空间内进行单目标优化，得到自己博弈中相对于其他博弈者的最佳博弈。所有参与方的最优博弈形成一轮博弈策略组合，并根据收敛性判断系统是否达到均衡[56]。

赵俊军等（2014）认为，驾驶员路径选择的有限理性与交通管理者完全理性的混合理性现象加剧了城市交通路径诱导出行行为的难度。具体来说，他首先基于混合博弈对有限路径选择行为进行了拓扑分析；然后，基于混合博弈论，考虑驾驶经验和诱导信息下的3种常见驾驶员路径选择行为，建立了混合博弈模型，模拟完全理性系统信息发布规律对有限理性驾驶员路径选择行为的影响；最后选取路径出行时间、拥堵指数、路径负荷、平均速度等4个评价指标，验证模型的合理性，并讨论模型的适用性[57]。

刘宗谦等（2007）给出了有限完全信息静态博弈中混合策略的性质和均衡，并利用不动点定理证明了混合策略纳什均衡的存在性。为了强调紧度量空间是可用有限集充分逼近无限集的数学结构的一种应用，通过参照Myerson关于无限策略集的讨论，证明了相关的逼近定理。然后给出了连续对策中混合策略纳什均衡存在性的另一个证明[58]。

肖鹏等（2014）提出了一种基于混合博弈策略的云资源定价与交易模型。为了协调现有定价机制的效率和公平性，混合博弈策略模型将虚拟资源的分配和供应划分为两层博弈过程：上层采用对抗博弈策略平衡用户成本和资源提供者的收益，下层通过合作博弈策略优化云资源提供者的收益。通过理论分析，证明了该博弈模型的有效性，并给出了求解方法[59]。

Hillel Bar-Gera等（2013）在假设场景的对比中证明了用户均衡交通分配方法的计算精度的重要性[60]。

Jiajun Zhu等（2014）基于博弈论的理论和方法，将审计风险与审计统计抽样相结合，建立了基于不完全信息博弈的扩展审计模型。为了帮助审计人员提高成本控制的设计效果，根据泊松分布的点估计和区间估计的动态过程，对审计博弈的风险评估和决策优化过程进行了修正。最后，通过实例说明了扩展的审计博弈过程，验证了该方法的有效性[61]。

Zhengtian Wu等（2014）认为有限对策中纯策略纳什均衡的确定是一个NP（Non-deterministic Polynomial）难问题，该问题很难用简单的枚举算法求解。为此，他利用纯策略和支付函数的各种性能，提出了一种新的混合0-1线性规划方法来计算所有纯策略的纳什均衡，数值结果表明该方法是有效的[62]。

2.3.2 遗传算法

早在 20 世纪 40 年代，一些学者就开始研究利用计算机进行生物模拟的技术。从生物学的角度，开展了生物进化过程模拟和遗传过程模拟的研究工作。可以说，遗传算法是从生物系统的计算机模拟中衍生出来的。1965 年，霍兰德（Holland）教授首次提出了人工智能操作的重要性，并将其应用于自然系统和人工系统。1967 年，Holland 教授的学生巴格利（Bagley）首先提出了"遗传算法"这个术语，并创建了自适应遗传算法的概念。在此基础上，Bagley 发展了复制、显性、交叉、反转和突变的遗传算子，并成功尝试了将二倍体编码方法应用于个体编码。从那时起，Bagley 首次将遗传算法应用于目标函数优化。20 世纪 70 年代初，Holland 教授提出将模式定理作为遗传算法的基本定理，遗传算法的基本理论结构基本完成。模式定理表明，随着迭代次数的增加，种群中优秀个体的样本数量将呈指数增长，从而保证了遗传算法具有一个高效的优化过程，可用于寻找最优可行解。具体来说，遗传算法从满足约束条件解集的初始种群开始，任何种群都是由一定数量的由基因编码的个体组成（常用的二进制编码方法）。遗传算法从编码后产生的第一代种群开始，按照优胜劣汰的原则，一代又一代地进化，生成越来越好的近似解。在每一代中，根据个体在满足约束条件的可行域内的适应度值选择最优个体，利用遗传算子判断是否进行变异和交叉，从而产生代表新解集的更好的种群。这个过程会导致后代比上一代更能适应环境，就像自然进化一样。解码后，上一代种群中的最优个体可以得到符合实际的近似最优解。

在遗传算法的相关研究中，李茂军等（2001）通过对单亲遗传算法（PGA）和传统遗传算法（TGA）的编码方式、操作流程、遗传算子和适应度计算进行比较分析，指出虽然 PGA 采用的是单亲育种模式，其遗传操作与 TGA 有本质区别。但 PGA 的基因重组操作符隐含了编码 TGA 的序列号交叉操作符的功能，PGA 的后代保留了其亲本的大部分遗传特征[63]。

琚洁慧（2005）提出了一种新的改进适应度函数遗传算法，该算法考虑了在搜索点处的函数值及其变化率。结果表明，该算法的收敛速度明显高于标准遗传算法[64]。

黄克艰（2007）认为混流装配线的投产顺序问题是准时制生产方式（Just In Time，JIT）生产方式中的一个重要问题。建立了最小化工位闲置和过载时间最小的混流装配线调度模型，使各装配线的负荷尽可能均衡。用遗传算法和MATLAB对算例进行了求解。实验结果表明，该方法能有效地减少停线现象，提高生产效率[65]。

范瑜等（2004）将阵列天线方向图综合技术作为智能天线的一项重要技术，对复杂系统的优化提出了更高的要求。他将差分进化的基本思想与遗传算法的基因交叉和变异相结合，构造了一种新的混合优化方法。该算法以差分进化算子为主要优化方法，结合了遗传算法的优胜劣汰的基本思想和交叉变异方法，融合了两种优化方法的优点，可以显著改善多参数、高度非线性问题的优化结果，提高计算效率。计算机仿真结果表明，与现有算法相比，该算法具有收敛速度快、优化能力强、算法可靠等优点[66]。

王晓华等（2012）认为支持向量机的参数设置是影响模型精度和稳定性的关键。固定参数设置往往不能满足优化模型的要求，使学习算法过于死板，无法体现算法的智能优势。因此，采用遗传算法对估计模型的参数进行优化，使估计模型更加灵活、智能化，更符合实际工程建模的需要[67]。

冷亮等（2012）采用遗传算法求解目标的最优路径问题。通过改进遗传算法的一些参数和细节，提高了算法解决这一问题的能力[68]。

秦国经等（2011）介绍了遗传算法和基于遗传算法优化的PID控制设计。以绝对误差时间积分性能指标作为参数选择的最小目标函数，利用遗传算法的全局搜索能力，在不需要先验知识的情况下实现全局优化。结果与传统PID控制方法进行了比较，MATLAB仿真结果表明采用遗传算法优化的PID控制器具有较好的动态质量和稳态精度[69]。

王雪松等（2015）为了提高网络流量预测精度，克服小波神经网络收敛速度慢、易陷入局部最优的缺点，提出了一种基于遗传算法优化小波神经网络的网络流量预测模型。首先，计算延迟时间和嵌入维数，构造小波神经网络的学习样本。然后，利用小波神经网络对网络流训练集进行学习，并利用改进遗传算法对小波神经网络的参数进行全局优化，以提高收敛速度和网络学习精度。最后，利用网络流量数据对模型进行仿真分析。结果表明，与传统模型相比，该模型的平均误差大大减小，训练次数大幅减少，二次优化训练次数减少，具有较大的实际应用价值[70]。

令狐选霞等（2001）针对遗传算法的局限性，将模糊思想应用于大变异运算，提出了模糊大变异运算；结合自适应遗传算法的思想、最优选择策略机制和过滤操作，提出了一种新的遗传算法结构——混合遗传算法（Hybrid Genetic Algorithm，HGA）。HGA既保证了算法的全局收敛性，又提高了算法的收敛速度和稳定性[71]。

2.3.3 交通分配

交通分配（Traffic Assignment）是交通预测四阶段法的最后一个阶段，是交通规划中的重要环节。传统的交通分配在现有或规划的道路网络上，运用用户均衡模型（User Equilibrium）或者随机用户均衡模型（Stochastic User Equilibrium），将OD出行矩阵分配给道路网络中的各条路段，从而推断目标年路段上的交通流量，当OD出行矩阵是已知且确定时，交通分配称为静态交通分配。静态交通分配是在道路资源等交通供给情况以及交通出行者的交通出行需求状态已知的条件下，分析其最优的交通网络交通流量分布模式，通过一定的经济或者政策控制手段和信息发布诱导策略在空间、时间维度上重新合理配置人们已经产生的需求，从而使整个交通路网得以高效运行。而动态交通分配的前提条件是：① 道路网络级配和空间结构已知；② 路段属性、路段行驶时间函数已知；③ 实时变动的交通需求总量已知；④ 交通出行者能够获知交通路网及交通系统运转状况的全部信息，而且能够据此持续做出理性选择；⑤ 所有出行者的路线选择原则一致。在此前提条件下，交通分配就是根据出行 OD 分布矩阵求解整个道路网络中所有出行者的所有出行路径的实际发生交通流量，以对路网性能进行评价。

下面分别从静态交通分配和动态交通分配两个维度对前人研究成果进行叙述：

吴超峰（2018）为了提高算法求解复杂场景下交通分配问题的效率和准确性，考虑了有限路段容量的交通分配问题和混合多用户交通分配问题。首先，通过比较多种静态交通分配算法，采用基于可替换路径对的交通分配算法，在增广拉格朗日乘子法的框架下，解决道路通行能力有限的交通分配问题的子问题；针对增广拉格朗日乘子法的缺点，设计了一种动态精度方法来求解子问题，验证了设计算法的效率和精度，以及动态精度的有效性，通过灵敏度分析，得到了最优动态精度步长。然后，针对混合多用户流量分配问题的变分不等式模型，基于对角化方法的框架，对网络中的用户类别和起点分别进行了对角化计算，并设计了基于用户类别和起点的对角化算法。最后，算例验证了该算法的有效性。分析了交通需求级别对算法收敛时间的影响以及每个用户的比例对系统总阻抗的影响[72]。

姚凯斌（2017）试图将元胞传输模型（Cell Transmission Model，CTM）交通仿真技术应用于交通分配领域。① 在传统 CTM 的基础上，引入细胞的长度和密度，并选择密度作为 CTM 每次迭代的细胞属性；同时，考虑入口道路的车道函数和交叉口的信号控制，提出了交叉口和入口道路的细胞划分方法，并提出了调节信号控制细胞发送流量的方法，从而构建适合城市路网的交通信息系统。仿真结果表明，I-CTM 仿真结果与 VISSIM 软件的仿真结果非常接近，且 I-CTM 能准确描述信号交叉口的队列形成和耗散过程；② 将 I-CTM 仿真粒度细化到单个车辆，实现单个车辆路径规划功能。同时，对已知路径条件下的车辆传动模型进行了修正，提出了考虑单个车辆的 IS-CTM 模型。以 IS-CTM 模型代替传统交通分配中的 BPR 函数作为计算路阻函数的方法，提出了一种基于 IS-CTM 的交通分配方法。算例表明，基于 IS-CTM

的交通分配方法与基于 BPR 函数的交通分配方法结果一致；③ 在 IS-CTM 的基础上，考虑到时变交通需求和时变路网的交通状态，提出了一个评价路网交通状态的方法，并设计了一套完整的模拟规则。为了验证基于 ID-CTM 的动态交通分配方法的可行性，将动态交通分配方法与 VISSIM 软件仿真结果进行了比较。结果表明，基于 ID-CTM 的交通分配方法是可行的，可以应用于实际的交通分配[73]。

刘晓玲（2017）将拥堵路网的用户均衡交通流分配方法引入到城市路网容量双层模型中，丰富了城市路网容量研究的理论体系，为城市道路交通规划管理与控制提供了一种新的思路。研究思路如下：首先，分析交通拥堵状态下的交通流运行特点，提出了描述拥堵情况下的路段行驶时间和路段流量拥堵阻抗函数，并在此基础上研究了完全拥堵的道路网络用户均衡交通流分配问题。其次，将通畅路段和拥堵路段的阻抗函数相结合，构造扩展的道路阻抗函数，提出需求交通量和通过交通量的概念，并运用两者之间的关系来描述路段的通畅或拥堵状态，在此基础上，研究了通畅和拥挤路网的用户均衡交通分配问题，建立了求解路网容量的双层规划模型，上层为最大通过交通量模型，下层为通畅和拥挤路网的用户均衡交通流分配模型。最后，将提出的模型应用于某小型路网进行实例分析，得到了该小型路网的承载力计算值，结果表明，路网的需求交通量和通行交通量的变化趋势与实际交通现象一致[74]。

高苏銮（2012）针对我国城市交通的特点和存在的问题，建立了一种静态交通分配组合模型，并给出了求解包括组合模型在内的一般静态交通分配模型的新算法。在多对起始点和结束点（每个端点的状态相等）的道路网络中，有些端点的流量大，有些端点的流量小。为了避免这种情况的发生，使交通分配尽量满足交通管理人员的安排，他在 OD 交通量固定、不同出行方式对称影响的前提下，建立了双交通量约束下的交通方式与路径随机选择的组合模型。通过在简单交通网络中的应用，说明了该模型的可行性。针对一般静态交通分配模型（仅包括线性等式约束和线性不等式约束）约束集的特点，提出了求解此类模型的新算法。该算法只需求解一个简单的二次规划问题即可得到下降方向，且步长的确定不需要线性搜索，大大提高了运算效率。在常见的静态交通分配模型（如用户均衡模型、系统最优模型、组合模型、随机用户均衡模型等）的求解中，该算法具有适用性。与连续平均法（Method of Successive Algorithm，MSA）相比，新算法具有更高的效率[75]。

孙琦等（2021）在算法中插入阻抗计算流程，通过计算每个步骤的蚂蚁路径选择结果生成决策因子，并对算法参数进行相应的自适应调整，以模拟实际交通出行者的路径选择行为，该行为易于获得实时的交通信息且具有倾向，从而在保证局部搜索效率的同时提高了算法的求解质量和全局搜索能力。最后，利用改进算法对模型进行求解。结果表明，改进算法的分布结果较好，路网的交通分布更加均衡，分散程度较小，路网的利用率较高。改进后的算法具有理论与实际相结合的优点[76]。

张强（2020）以城市环岛区域路网为研究对象，考察了所选区域路网交通流状态随空间和时间演化的过程。并使用交通流分配理论将中央环形岛及其周边节点的交通流分配至整个道路网络，使交通出行供给和需求之间的平衡最大化，以提高区域路网的运行效率，改善道路交通环境。在实证研究中，首先，通过前期的数据采集工作，对包头市的交通状况进行了分析，确定了研究区域，获得了主要道路的交通参数，根据车牌数据，分析研究区域内交通出行者的出行特征，得到研究区域交叉口间 OD 分布矩阵，为模型的建立和算法的实现奠定基础；其次，研究了动态交通分配的相关理论和模型，包括动态交通分配的符号、相关约束条件和动态交通分配的原理，并对动态交通分配模型的一些算法进行了阐述和分析；再次，在对包头市一宫环形岛周边区域路网研究的基础上，建立了动态交通用户优化模型，构建了 Frank-Wolfe（F-W）算法，并将该算法用于实例路网的交通分配。利用 Python 语言设计实现该算法，对区域路网进行了交通流分配研究，并对分配结果进行了分析，结果表明，经过区域路网的交通流分配后，环岛周边的交通流有所减少，改善了环岛周边的交通拥堵状况；最后，基于 PTV VISSIM 宏观交通仿真平台，对环岛中心路网进行动态用户优化分配。基于所构建的 F-W 算法，以包头市一宫环形岛周边区域路网为例，进行路网建模和交通分配，以更好地评价交通分配效果。将分配前后的结果导入 PTV VISSIM 仿真平台，对分配前后的流量进行仿真，并对分配前后的输出指标进行对比分析。仿真结果表明，车辆的平均延误降低了 20.11%，停车的数量减少了 20%，道路网络的平均速度提高了 14.03%，到达车辆的数量增加了 5.01%，中央广场的延迟也减少了 12.96%，路网和中心环岛的交通运营得到明显改善[77]。

朱泽坤（2020）基于动态交通分配，分析路网排放的均衡状态，为解决城市交通污染排放提供理论依据。首先，基于三相交通流基本图和累积到达出发地曲线，分析了车辆通过瓶颈路段的轨迹。车辆轨迹分为两种状态：自由流动状态和拥挤状态。同时，介绍了一个简化的基于统计的加速度模型来描述车辆的加速度特征，得到宏观的基于平均速度的修正路段排放模型，以更准确计算车辆的路段排放。其次，利用累积"到达-离开"曲线来描述路段的供求关系，使动态网络负荷过程与路段排放模型自然融合。在路段排放分析中，先用图解法求得路段的边际出行排放，再用累加法求得路径的近似边际出行排放。在此基础上，建立了基于排放目标的动态用户优化和基于排放目标的动态系统优化两个网络均衡模型。两种模型均用变分不等式表示，并用不动点算法求解。通过实例验证了该模型的准确性。最后，在上述模型的基础上，提出了排放收费和道路限速两种排放管理方法，为实际的交通排放管理提供参考[78]。

荣博盛（2019）为了降低车辆 CO 排放和出行成本，构建了自动驾驶环境的连续 DTA 模型，设计了求解算法，并进行了数值仿真验证了模型的有效性。首先，他从汽车尾气碳排放、连续动态交通流分配模型和自动驾驶 3 个方面对国内外的研究现状进行了分析和总结，找出存在的问题。其次，将研究区域视为一个二维连续体，以最小的出行成本和最小的 CO 排放量为目标，考虑用户和车辆类型的差异，采用连续建模方法建立了 Hamilton-Jacobi（H-J）方程与双曲守恒律方程相结合的连续交通流分配模型。再次，设计了模型的数值算法，并验证了模型的有效性。采用有限体积法（Finite Volume Method，FVM）求解该模型。采用快速行进算法求解 Eikonal 方程。最后，借助自动驾驶场景，以大型城市路网交通流为对象进行数值模拟，在模拟中加入弹性需求模型，分析目标路网区域的交通流密度变化、总出行成本变化和车辆 CO 排放等宏观现象，验证模型的合理性。构建的模型可以从宏观角度动态描述路网交通趋势，计算用户的动态出行成本和车辆 CO 排放成本，为大城市高峰时段同时考虑出行成本和车辆 CO 排放的用户出行路径选择和动态交通管理措施决策提供理论依据[79]。

第3章 中小城市拥挤收费实施特性研究

3.1 研究背景

拥挤收费作为交通需求管理手段已在世界一些特大城市得到有效应用，通过拥挤收费的实施，当地城市道路交通系统运行状况得到显著改善。拥挤收费本质上是一种交通需求管理的经济手段，目的是利用价格机制来限制城市道路高峰期的车流密度、控制交通出行需求、调整出行路径、调节交通量的时空分布、减少繁忙时段和繁忙路段道路上的交通负荷、提高道路设施的通行速度，满足道路使用者对时间和经济效率的要求。通过道路拥挤收费还可以有效促进交通方式向高容量的公交系统转移，抑制小汽车交通量的增加。

实施交通拥挤收费的城市必须拥有以下特性：高峰期产生持续性大范围的严重交通拥堵；以前实施过其他交通需求管理措施减少一定拥堵而效果不佳；城市汽车登记和管理制度健全；有比较完善的公共交通替代出行方式或者有大规模公共交通改善计划；拥挤收费有一定的公众接受度、领导层认可度以及相关公路法律保障等。随着我国城市化进程的不断推进，我国中小城市的建设日新月异，中小城市交通拥堵问题已经不容忽视，探究拥挤收费在中小城市的实施前景迫在眉睫。为此，本章首先建立简单交通网络，分别针对大城市和中小城市的交通路网特性和交通出行特性，对比研究同等水平的拥挤收费费率在不同类型城市中的实施效果，以发现中小城市实施拥挤收费政策的特殊性，突出针对中小城市进行此类研究的必要性。

3.1.1 特大城市及大城市交通拥堵及治理方案

伴随着城市化、机动化、现代化的进程不断加快，以我国"北上广深"为代表的特大城市交通供需矛盾日益突出，由小汽车交通爆炸式增长和无节制使用，以及不尽合理的城市功能布局与开发模式等带来的交通拥堵、交通污染、城市蔓延等已经成为制约城市健康可持续发展的日益严重的城市病。一方面，特大城市的城市化进程不断加快，城市建成区面积不断扩大，城市人口规模快速增长，城市居民的日常出行需求也逐步攀升。北京中心区工作日居民出行总量从1986年的939万人次增长到2019年的3 957万人次，年均增长率达9.7%；上海市日均出行总量由2009年的4 200万人次提升到2019年的5 710万人次，年均增长率为3.6%。同时，特大城市的主城功能往往过度集中，而新城综合配套仍不完善，职住分离导致高峰期城市的重要通道持续饱和。另一方面，当前特大城市已经进入存量为主的发展阶段，单纯依靠交通设施建设已经无法解决交通困局。中国大城市今天所面临的这些与城市交通发展模式和路径紧密关联的城市问题，其实欧美等先工业化、城市化、机动化国家在20世纪50—70年代就已经经历过了。欧美发达国家意识到，单纯依赖增加道路交通基础设施建设供给侧来缓解城市交通拥堵是不现实、不可能的，必须从交通需求侧的合理调控和管理，即所谓交通需求管理（TDM），减少出行需求和对小汽车出行方式的依赖，才可能从根本上缓解交通拥堵、控制交通污染、遏制城市无序蔓延。经过近半个多世纪的研究和实践，TDM理念和观念已经被广泛接受，并取得了丰富的理论成果与实际成效、实践经验。

北京市的机动化发展趋势一直强劲，机动车保有水平稳居全国首位，至2019年底，北京市常住人口达2 153.6万人，机动车保有量高达636.5万辆，千人机动车保有量高达296辆/千人。北京市的交通需求管理政策发展历程主要为3个阶段，第一阶段为2008年以前，以停车管理手段为主。为了改善停车秩序，缓解机动化快速增长趋势，北京在1998年开始实施停车泊位政策，要求单位或个人车辆上牌和年检时提供停车泊位证明。政策实施一年后，机动车保有量增长率从15%下降到6%，并且三年内基本控制在10%以内，但是由于配套制度的不完善，立法保障的缺乏，加之与汽车产业产生冲突，导致效果逐渐乏力，一年后就开始反弹并在第四年超过原先水平，该项政策于2004年正式废止，持续时间仅为5年。第二阶段为2008—2010年，以限制小汽车出行手段为主，通过尾号限行政策保障城市交通运行顺畅。第三阶段为2010年以后，实施综合措施缓解交通拥堵，包括常态化限行、差别化停车收费、小客车无偿摇号政策等。不管是限行还是限购政策，均在短期内改善了城市道路交通运行状况，但效果均不可持续，2008年实施尾号限行政策一年内，公交占机动化出行的比率从47%上升到49%，交通拥堵指数也从5.84下降到5.41。但与此同时，限行政策刺激了私人小汽车的购买，2008—2011年三年间，机动车保有量增长率水平从15%高速提升至22%，这也导致了尾号限行政策的实施效果持续时间短暂，2010年交通拥堵指数很快反弹甚至超过实施前的水平，公交占机动化出行的比率也保持稳步增长趋势。机动车的激增也刺激了北京市在2010年出台摇号政策，2011年实施小客车限购政策以后，机动车的保有量增长率从22%控制在5%左右的水平，有效放缓了机动车的增长速度，常态化限行及限购政策的实施，短期内降低了交通拥堵指数，但仅持续一年的时间，拥堵指数明显开始回弹，并一直呈现逐年上升的趋势。

不同于北京，上海早在机动车保有量还不足10万时就率先开始尝试实施私家车牌照拍卖政策，1994年正式施行小客车额度拍卖制度，并且自实施该项制度以来，上海市一直不断修改和完善拍卖规则，并且不断推进配套措施，包括公交优先战略、差别化停车收费、外牌限行等以维持实施效果的可持续性。上海市的交通需求管理政策主要经历四个发展阶段，第一阶段为1986—1993年，主要是私车牌照拍卖政策的萌芽期；第二阶段为1994—2002年，上海正式实施私车牌照拍卖政策，并实施第二轮公交改革和颁布《上海市城市交通白皮书》，确保了私车牌照拍卖政策的法律地位；第三阶段为2003—

2012年，主要实施差异化停车收费、公交优先等强化政策；第四阶段为2013年至今，主要以不断修正拍卖政策和综合施策为主。整体来看，上海对机动车的增长控制效果比较显著，城市交通运行整体态势逐步缓解，高峰拥堵里程比例呈现下降趋势，高峰快速路高架平均车速也保持稳定的水平。至2019年底，上海市的常住人口约2 428.14万，机动车保有量为443.8万辆，千人保有量为183辆/千人，在常住人口规模高于北京、轨道运营里程相当的背景下，机动车千人保有量为北京的68%。

南京市的机动车千人保有量为323辆/千人，高于北京和上海的发展水平。虽然人均拥车水平较高，但南京市依然是中国大陆少数对小汽车未采取行政性限牌、限号措施，并保持道路交通基本平稳运行的特大城市成功典型。从机动化加速发展初期开始，南京市便通过多措并举的手段，长期坚持源头治理、综合治理、科学治理，保障了城市交通平稳运行：一是及早明确并长期坚持多心开敞、轴向组团式空间布局和疏解老城、发展新区、平衡功能的空间战略，避免了摊大饼、蔓延式发展；二是较早明确并长期坚持公交优先发展战略，轨道交通建设起步早、力度强、见效快，机动化出行中公交分担率始终保持在60%以上；三是较早明确并长期坚持城市交通包容发展、绿色发展的理念和策略，保持具有完整性、连续性的慢行交通网络和良好的出行环境，慢行交通分担率始终保持在50%以上；四是较早明确并长期实施精准化、科学化、综合性交通需求管理的策略，包括对于高排放车辆的严格管控，对于货运交通的科学组织，推行高峰期错时上下班制度，实行高强度的差异化停车价格调控，实施道路交通绿波控制、交叉口多相位倒计时控制、交叉渠化、单向交通组织、微循环交通组织优化等。近年来，南京市不断修订和强化了"五高五低"停车差异化收费政策（中心高于外围，白天高于夜间，高峰期高于平峰期，长时间高于短时间，路内高于路外）对机动车使用调控等，以上综合性措施取得了良好的效果：在未实施行政干预手段的前提下，机动车保有量增长率逐年下降，2018年的增幅仅为5.8%左右；居民出行对小汽车交通的依赖性和分担率明显低于其他特大城市；中心区停车需求有较大幅度降低，路内占道停车有明显好转。南京市被交通运输部首批列入公交都市创建试点城市，也首批通过公交都市创建评估验收，被授予公交都市创建示范城市称号。

3.1.2 中小城市交通拥堵及改善对策

根据公安部统计，截至 2021 年 6 月底，全国有 74 个城市的汽车保有量超过 100 万辆，33 个城市超 200 万辆，18 个城市超 300 万辆。在 33 个超 200 万辆的城市中，并不全是经济总量庞大的一、二线城市，也有诸如临沂、保定、潍坊等三线城市。一大原因在于，随着经济的发展，汽车消费市场不断下沉，人口数量大的一些地级市，汽车消费需求非常旺盛。其中，部分三四线城市虽然城区人口规模不大，但全市域包含了为数众多的县和县级市，加上这些县域人口，城市的全域人口规模就接近或超过 1000 万。例如，临沂市的总人口达到 1044.3 万，位居全国第 12 位；保定市的总人口达到 1042.5 万，位居全国第 13 位，而且保定市还是全国知名汽车企业长城汽车的总部所在地；潍坊市全市域人口也达到了 935.7 万人，位居全国第 16 位。

当前以北上广深为代表的中国特大城市汽车消费和使用成本较高，汽车消费市场趋于饱和，三四五线城市的潜在购车者逐渐成为引领汽车消费继续快速增长的主要动力。一方面，农村地区和三四五线城市的养护用车成本相对比较便宜，年轻人更乐于购置汽车。另一方面，随着城市化建设的不断推进，这些地方城镇化水平不断加快，居民收入增长显著，加之交通基础设施不断完善，尤其是中小城市、农村路网硬化持续改善，所以农村地区和三四五线城市的汽车也越来越得到普及。中国汽车消费市场的演进呈现出一种阶梯式上升的趋势：最初在东部沿海发达地区、一二线城市增长速度最快；当东部沿海发达地区、一二线大城市汽车消费市场开始饱和，增长点就逐步转向到三四线城市和中西部地区。

目前，"北上广深"等特大城市都已采取一些行政或经济限制手段，控制机动车保有量的无序增长，然而我国中小城市从培育汽车销售市场的角度出发，尚未出台相关管理政策，导致中小城市机动车保有量增长速度过快。相对于道路交通供给水平的缓慢提升，机动车出行量的无序增长，导致了我国不少中小城市的道路网络中关键路段的交通拥堵时有发生，这对机动车出行者正常的交通出行行为造成极大的不利影响，具体表现在出行时间的大幅增加，尾气排放、能源消耗的严重增加，出行者心理的极度不舒适等。

1996—2005年，中国每年新增城镇人口数量超过2000万人；2006—2009年，每年新增的城镇人口数量大约为1500万人。截至2021年，中国城镇化率为64.72%，城镇人口达9.14亿，城镇化规模居全球第一。以江西省为例，到2021年底，全省城镇化率达到61.46%，按照世界范围内城市化的统计，当一个区域的城市化率达到30%后，城镇化进度将开始加速，现在江西省城镇化率为61.46%，正是加速期的后半期。我国许多中小城市已普遍出现了交通恶化的局面，城市机动车辆迅速增加，交通拥挤日益严重，交通事故数量增加，公共交通服务水平下降。这些中小城市在路网结构、用地布局等诸多方面的问题是引起城市交通拥挤的重要原因，中小城镇的交通问题有以下几个方面：

（1）机动车数量增加。我国居民生活水平在不断提高，尤其是中小城市的机动车增加量比较多，已经超过了城市交通本身的容量。在这种情况下，交通管理部门并没有对机动车辆的运行进行科学引导和有效管理，小汽车出行率比公共交通出行率更高。并且城市的机动车辆配套设施规划存在较大问题，例如停车位规划不足，导致城市随意停车的现象比较严重，会增加交通拥堵问题。

（2）民众参与交通管理的意识淡薄。在中小城市中，人口增加幅度已经超过了规划的预期，中小城市在对公共交通进行规划时，缺乏对轻轨以及地铁等交通运行方式的规划以及建设，仅仅依靠公交系统缓解城市交通压力的作用并不明显。特别是在中小城市的规划发展过程中，行政区、商业区、文教卫生区等公共服务资源仍然集中在老城区域内，较复杂的交通衔接以及换乘方式会增加居民的出行距离,很容易导致高峰出行期城市主干道以及某些节点出现严重的拥堵问题。

(3)交通管理手段单一落后,部分城市的交通仍然是粗放型、经验性管理,交通管理缺乏科学的技术文件指导。相当部分城市缺乏一支适应现代化交通管理需要的专业化队伍,尤其是交通工程技术人才缺乏,需要尽快培养出一支技术过硬的交通科技队伍。在具体的交通管理实施过程中,交通管理的手段比较单一,并且方法比较落后,不能将分散的人、车、路以及交通行为进行整合,形成一体化的交通运行环境。并且在中小城市交通运输管理中对GPS、GIS以及ITS等技术的应用并不成熟,仍然处于起步的阶段。相关的管理理念也没有及时更新,导致管理理念与交通基础设施建设之间存在严重的不匹配问题,加剧了中小城市交通拥堵的问题。

(4)对交通规划的编制重视程度不够。例如江西的一些中小城市从未编制过交通专项规划,另外一些城市的交通规划编制较早,而如今城市规模已经扩大1倍,交通规划的编制及修订速度总是滞后于城市发展。另外,许多城市在总体规划框架确定后再编制交通专项规划,使得交通专项规划只能顺应总体规划的用地红线,很难真正意义上从交通的合理性角度来对城市路网进行规划。例如,在城市总体规划时,支路无法表示,到详细规划时,又未能全盘考虑支路的设置,导致新建城市支路稀少,而旧城支路凌乱不成系统。

(5)从总体规划上看,中小城市目前的发展模式都是适度改造老城,往周边扩展建设新区,而这样的发展模式会造成老城原有的道路得不到改造,标准低、断头路多、系统不畅、布局混乱。而新开发区仅注重内部干道系统建设,普遍缺少支路或次干路建设。这样一来,老城原有的商业中心、学校、医院等设施一段时间内仍然会吸引大量的交通流,城区仍然集中了大量的车流和人流,而新开发区宽阔的主干道上车辆稀少,但随着城市化发展的进程,新开发区不完善的路网系统又会随着将来的交通量增长而造成新一轮的拥堵。

第3章　中小城市拥挤收费实施特性研究

图 3-1　江西宜春袁州区新城区某道路

图 3-2　江西宜春袁州区老城区某道路

如图 3-1 和图 3-2 所示，江西省典型中等城市宜春市袁州区新建双向 8 车道车流量很少，而老城区道路拥挤不堪，各种交通混杂，城市发展不均衡，资源得不到充分利用。

中小城市在建城时，往往是沿一条或几条过境干道发展，城市用地向两边扩大。因此，后来形成的许多城市干路兼商业性和交通性的双重职能，致使主干道上交通混乱，限制了道路功能的正常发挥；中心城区的土地超强度开发，大量的交通吸引点和产生点形成了过量的交通流，远远超过周边道路容量，交通拥堵时段长度不断扩展。另外，还会存在长距离交通与短距离交通重叠，快速交通流与普通交通流重叠，大量过境交通穿越城市道路等问题。

大部分城市都没有停车规划，停车场分布不合理，路外公共停车场缺乏，路边停车泊位多，对道路交通产生影响；另外，停车管理力度不够，管理手段落后，以及出行者交通素质不高等因素，使得车辆乱停乱放的治理效果不明显。停车问题难以解决的原因一是由于人口及机动车的快速增长，城市规模及土地利用规划估计不足，造成生产、生活、办公等设施过于密集，因此停车供需矛盾突出；二是由于停车场的建设缺乏相应重视，没有统一部门管理及运营，停车场的投资建设相较于城市道路来说比较落后；三是由于缺乏相应的地方法规及执法队伍，对于乱停乱放的行为没有起到惩戒的作用。

根据交通运输部关于《"十四五"现代综合交通运输体系发展规划》中提到，我国大城市公共交通的出行分担率平均约为20%，中小城市公交分担率平均不到10%，与欧洲、日本等大城市的40%~70%的出行比例相比还有很大差距。南昌市、宜春市及萍乡市的公交出行率分别为13.2%、11.43%和12.59%，比全国中小城市平均水平略高，但仍然存在很多不足。发展至今，公交出行比例都比私家车比例低，公交优先战略没有得到体现，公交系统设施容量不足，公交线网密度和站点覆盖率偏低。

日常的出行目的一般可以归纳为8种：上班、上学、返程回家、购物、饮食娱乐、接送、看病就医以及公务出行等。数据统计显示，中小城市中的出行目的较为集中，弹性出行的比例较小，上班、上学以及返程等刚性出行占总比重的82%，而其他出行比例约为18%。不同的出行目的决定了出行方式，出行方式的不同决定了此次出行的步行距离、等车时间以及出行时能接受的出行费用。在城市生活多元化的今天，人们的生活方式以及工作环境在不断改变，随着总体出行需求的不断增加，不同出行目的衍生的出行需求量也将决定着中小城市交通的大环境。

中小城市居民各自的出行目的以及出行距离决定了出行方式选择，对于弹性出行的交通方式选择存在一定变量，而一般居民在上班或者上学等刚性出行时是不会轻易改变出行方式的。探亲访友、餐饮娱乐的出行则没有固定的出行方式，居民会通过实际情况考虑应采用的出行方式。

中小城市居民在工作日与休息日两个时间段的出行时间与大城市也存在

一定的区别。中小城市城区内的路内累计停车需求在工作日和休息日中变化不明显，可能由于中小城市的居民日常出行方式单一，不会因为时间变化而改变，同时在休息日下午时段，停车需求会出现明显的下降，可以推测休息日的午间时间之后居民会适当减少自己的出行，这可能是由中小城市自身生活节奏慢所决定的。

由于中小城市长期以单一中心发展模式过度开发，导致只拥有20%左右面积规模的老城区孕育着将近80%左右的人口，而且缺乏科学合理的城市规划，长期任其城区自身发展，商业中心带动居住中心，多元中心相互统一，用地性质混乱；加之新老城区缺乏线性联系，人口密度从城区中心发散式衰减，但边界之间的衰减幅度较大，而新城区人口密度尚未形成与老城区相互平衡的趋势。根据以往的发展经验，可通过鼓励商业用地的外迁，吸引周边人口进入居住，缓解老城区交通出行压力。

此外，老城区作为中小城市中交通量的发展点以及吸引点，单位时间内交换的交通量很大。一般的交通出行可以归纳为两种，即"单头在外"和"双头在外"。前者表示出行的起始点有一个位于老城区的外围，可能存在的情况是：① 居民生活居住在老城区内但工作地点位于新城或其他工业区，而这些出行都属于日常的通勤类出行，其产生的停车性质也一般为通勤类，由于现在城市总的发展趋势是通过将城市内的单位、工厂、车站等节点迁移至城市新城从而带动副城的发展，所以这种交通出行在总出行中在将来的发展中比例会越来越高。② 周边区域进入老城区的商业中心购物、娱乐或者需要到政府各部门进行公务办理的弹性出行。"双头在外"为起终点均为外围区域的交通出行，主要是通过老城区或者短暂的停车接送的交通出行。

因此，针对中小城市的交通拥堵问题可从以下几个方面改善。

（1）对公共交通行业进行改善。在解决中小城市交通拥堵问题的过程中，需要对公交系统进行优化和完善，提高公交的通行效率，同时要提高公共汽车的舒适性以及便利程度。提高民众对公共交通的选择比例，重点是要提高民众对公交运输的满意程度，充分发挥公交在城市交通系统中的替代效应，可以建立专公交车专用绿色通道，提高公交运输的速度以及便捷性，此外还可以增加公交线路，缓解城市交通压力。

（2）加强法制宣传工作，增强民众遵守交通规则的意识。在解决中小城市交通拥堵问题的过程中，要加强法制宣传力度，增强民众遵守交通规则的意识，可以根据城市自身情况制定合适的交通规则法规以及调理制度，同时要对交通管理人员的技术与综合素质进行培训，提高其交通管理能力。除此之外，要综合利用多种渠道，加大交通规则以及绿色出行等知识的宣传力度，提高全民的交通意识，同时加大民众对绿色出行的了解以及认识，大力发展绿色交通出行方式，能够有效解决交通拥堵问题。

（3）完善城市道路网建设。为了解决城市交通拥堵问题，必须对城市道路网建设进行科学规划与完善。城市交通管理部门需要将道路网进行完善，优化道路基础设施，提高城市道路容量。同时，还要对城市干路以及支路进行合理规划，根据城市交通的具体运行情况，对干路与支路比例进行协调，提高城市道路网络容量。此外，要重视对人行道进行规划，防止行人对机动车道产生影响，提高城市道路网安全性。制定与当地交通情况相符合的行车规则，在解决中小城市交通拥堵问题时，可以制定与城市发展规划相适应的行车规则。一般是以公共交通出行方式优先的原则为基础，推动城市公共自行车服务的发展。可以适当提高城市客运的比例，同时对公交线路进行合理科学规划，形成市区公交、市郊公交、镇郊公交进行联合的公共交通网络体系，对主要客流集散点进行连接，提高城市公共交通运输能力。借此缓解城市交通压力，解决城市交通拥堵问题。

（4）中小城市交通设计中对人的因素考虑较少，因此人流与车流混行，行人随意穿越路口的情况相较于大城市更为严重，在步行系统中应考虑在必要的位置设置人行天桥、人行地道、人行过街信号装置等，以及指示行人路线的各种标志（如指引符号标志、公交站点及交通路线图等），应逐步在城市中形成有机的、多功能的、环境宜人的、连续的步行空间，更能营造出中小城市宜居和舒适的城市生活氛围。

（5）私人小汽车是造成城市拥堵的主要原因，一方面可通过城市空间合理发展，分流吸引交通量来缓解对主城区交通拥堵的影响；另一方面可通过完善路网结构，打通城市断头路，渠化交叉口，优化信号配时，治理城市交通拥堵点；还可以通过停车场的合理化建设，以及加强管理等措施，解决因乱停车对交通造成的影响。

（6）在中小城市中实施公交优先战略非常必要。中小城市如果继续坚持小汽车为主导的交通发展模式，将会给我国的能源储备带来巨大压力，小汽车的出行成本也将不断攀升。快速公交的人均能耗仅是小汽车交通的1/30，同时通过整合快速公交与非机动化交通模式，还能够实现理想的非机动化交通出行比例，限制小汽车的过度发展。推进公共交通发展可通过编制公交专项规划，合理布置公交线网及站场，提高公交线网密度和营运效率，设置公交专用道及港湾式停靠站，完善公交配套设施等方式。同时也需要政府在政策上给予扶持，并且组建强有力的管理机构。

3.2 交通场景及模型

为了研究上述问题，首先搭建简单交通出行选择场景，通过对比大城市和中小城市交通系统在同等拥挤收费水平下的现实反应，发现中小城市实施拥挤收费的独特性。

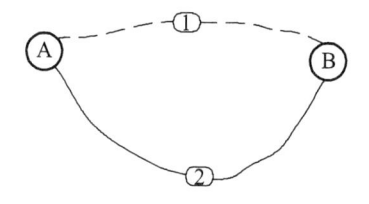

图 3-3 交通模型示意图

如图 3-3 所示，该交通场景包括两个交通小区 A 和 B，两条出行路径 1 和 2。其中，出行路径 1 代表城市中心区路段，为拥挤收费路段，出行距离更短，背景交通量更大，通行能力更小；出行路径 2 代表城市外围路段，为不收费路段，出行距离更长，背景交通量更小，通行能力更大。

由于道路资源的有限性，交通出行者出行选择的效果和收益必将会受到其他交通出行者选择的影响。具体在该场景中，交通出行为从交通小区 A 前往交通小区 B，可选出行路径为路段 1 和路段 2，其中路段 1 为收费路段。交通小区 A 的居民 i 选择路段 1 或路段 2 的出行费用会受到位于交通小区 A 的其他居民的选择结果的影响，比如说当大多数居民选择路段 1 时，受到交通拥堵的影响，路段 1 的出行时间必然显著增加。随着选择路段 1 的出行者越来越多，居民 i 选择路段 1 的出行费用将会高于路段 2 的出行费用，这会造成居民 i 不可接受的后悔，反之亦然。也就是说，该场景下交通出行者的出行路径选择行为包含潜在的博弈过程。

3.2.1 混合博弈模型

博弈的参与者为居民区 A 内的 n 个出行者。博弈的策略集包含交通小区 A 的出行者选择路段 1 或路段 2 去往交通小区 B 两个策略。对于每个博弈参与者 i 而言，其策略集 S_i 为：选择路段 1 出行，记为 $m_i=1$；选择路段 2 出行，记为 $m_i=0$。其中，$i \in \{1,2,\cdots,n\}$。博弈的效用函数，根据博弈理论对于博弈参与者 i 而言，其效用 U_i 应是所有出行者选择策略的函数，即：

$$u_i(S_1,S_2,\cdots,S_n) = u_i(m_1,m_2,\cdots,m_n) \tag{3-1}$$

式中，m_i 为出行者的策略，其中 $m_i=1$ 为选择路段 1 出行，$m_i=0$ 为选择路段 2 出行。

本章将博弈参与者的效用定义为出行成本的负数，出行成本越小，效用越大。效用函数包括有无拥挤收费政策下的大城市和中小城市交通出行者的出行策略，一共 4 个函数。

（1）大城市交通场景

大城市道路交通系统复杂，出行距离长，交通流量大，路网条件好；大

第3章 中小城市拥挤收费实施特性研究

城市居民收入水平相对较高，交通出行者时间价值相对较高，对出行费用敏感性较低。基于以上假设，在大城市交通场景中，小区 A 去往小区 B 的交通出行者选择路径 1（拥挤收费路段）的效用函数如下：

$$u_{i1} = -\gamma_b \cdot t_c(q_1) - k \tag{3-2}$$

式中　u_{i1} ——大城市场景中小区 A 的交通出行者 i 选择路径 1 去往小区 B 的效用；

　　　γ_b ——大城市交通出行者的时间价值；

　　　$t_c(q_1)$ ——小汽车通行时间函数，是路段 1 的交通量 q_1 的函数；

　　　k ——拥挤收费费用。

在大城市交通场景中，小区 A 去往小区 B 的交通出行者选择路径 2（无拥挤收费路段）的效用函数如下：

$$u_{i2} = -\gamma_b \cdot t_c(q_2) \tag{3-3}$$

式中　u_{i2} ——大城市场景中小区 A 的交通出行者 i 选择路径 2 去往小区 B 的效用；

　　　q_2 ——路段 2 的交通量。

（2）小城市交通场景

与大城市交通系统相比，小城市道路交通系统相对简单，出行距离相对较短，交通流量不高，路网条件一般；小城市居民收入水平相对中等，交通出行者时间价值相对较低，对出行费用敏感性较高。基于以上假设，在小城市交通场景中，小区 A 去往小区 B 的交通出行者选择路径 1（拥挤收费路段）的效用函数如下：

$$u'_{i1} = -\gamma_s \cdot t_c(q'_1) - k \tag{3-4}$$

式中　u'_{i1} ——小城市场景中小区 A 的交通出行者 i 选择路径 1 去往小区 B 的效用；

γ_s ——小城市交通出行者的时间价值；

q_1' ——小城市交通场景中路段 1 的交通流量。

在小城市交通场景中，小区 A 去往小区 B 的交通出行者选择路径 2（无拥挤收费路段）的效用函数如下：

$$u_{i2}' = -\gamma_s \cdot t_c(q_2') \tag{3-5}$$

式中　u_{i2}' ——小城市场景中小区 A 的交通出行者 i 选择路径 2 去往小区 B 的效用；

　　　q_2' ——小城市交通场景中出行路径 2 的交通流量。

该交通选择模型通过时间价值 γ，将交通出行者的出行时间成本转化为金钱成本，这里假设居民小区 Z 中的所有交通出行者具有同等的时间价值。而出行时间函数采用美国联邦公路局路阻函数（Bureau of Public Roads，BPR）的形式。根据路网实际情况，确定该模型中某路段的背景交通量等于该路段通行能力乘以系数 k_{bj}，系数 k_{bji} 为服从均值 μ_i，标准差 σ_i 正态分布的随机数，具体公式如下：

$$q_{bji} = k_{bji} \cdot c_i = \frac{1}{\sqrt{2\pi} \cdot \sigma_i} \cdot \exp\left(-\frac{(x-\mu_i)^2}{2 \cdot (\sigma_i)^2}\right) \cdot c_i \tag{3-6}$$

式中　q_{bji} ——路段 i 的背景交通量，veh/h；

　　　k_{bji} ——路段 i 的背景交通量修正系数。

传统的交通预测模型是交通四阶段法，它以居民出行调查（Person Trip Survey）为基础，由交通生成（Trip Generation/Attraction）、交通分布（Trip Distribution）、交通方式划分（Model Split）、交通量分配（Traffic Assignment）4 个阶段组成。交通四阶段法是以 1962 年美国芝加哥市发表的《*Chicago Area Transportation Study*》为标志，交通规划理论和方法得以诞生。1962 年美国制定的联邦公路法规定，凡 5 万人口以上城市，必须制订以城市综合交通调查为基础的都市圈交通规划，方可得到联邦政府的公路建设财政补贴。该项法律直接促成交通规划理论和方法的形成和发展。开始，交通预测只是关于交通生成、交通分布、交通分配 3 个阶段的预测。20 世纪 60 年代后期，日本广岛都市圈的交通规划首次提出了对不同交通方式进行划分这一新的预测内容。此后，交通规划变成了交通生成、交通分布、交通方式划分和交通分配四个步骤，这就是交通规划的四阶段法（也叫四步法）理论。后来人们将交通方式划分与其他三个步骤做了不同形式的结合，相应的得出各类预测方法。

经典的四阶段模型包括出行生成、出行分布、出行方式划分和交通分配四个部分。出行生成包括出行产生量和吸引量，目的为获得对应经济发展规模、人口规模和土地利用特征下，各交通小区的出行总量，主要预测方法有家庭类别法、回归分析法和增长率法等；出行分布的目的为获得出行需求在城市不同空间位置的分布，主要预测方法有重力模型、增长率法等；出行方式划分的目的为获得各种交通方式上的交通量分担率，主要预测方法有分类法、转移曲线、随机效用法等；交通分配是将每两个交通分区之间的交通量，分配到交通网络上，产生各个路段的交通流量，主要方法为全有全无法、系统最有法、用户均衡法等。

为克服经典四阶段建模流程的显著缺点（即四阶段模型的依序进行，上一阶段模型的输出结果作为下一阶段模型的输入数据，这必然导致最终结果与分析过程中一些参数的不一致），该交通模型引入带有反馈机制的组合模型技术，即在确定备选路径的前提下，通过交通出行选择的博弈过程将交通方式划分和交通分配结合起来，使各模块构成一个相互联系的有机整体，经过迭代循环确保分配结果的合理性与稳定性，从而真实反映出交通系统的构成及其复杂性。

3.2.2　出行成本函数

在本研究中时间价值 γ 的取值采用的是基于城市居民收入的计算方法，时间价值 γ 可以将出行者的出行时间等量转化为金钱，通常认为大城市和中小城市不同收入出行群体具有不同的时间价值。

交通阻抗函数采用 BPR 函数的形式，具体形式如下：

$$t_i = t_{zi} \cdot [1 + \alpha \cdot (q_i / c_i)^\beta] \quad (3\text{-}7)$$

式中　t_i——路段通行时间，h；

　　　t_{zi}——路段 i 的自由流时间，h；

　　　c_i——路段 i 的通行能力，辆/h；

　　　q_i——路段 i 的交通流量，辆/h；

　　　α 和 β——模型的参数，通常分别取值为 0.15 和 4，则该模型中的交通阻抗函数可以表示为：

$$t_i = t_{zi} \cdot [1 + 0.15 \cdot ((q_{Ai} + q_{bji})/c_i)^4] \quad (3\text{-}8)$$

式中，q_{Ai} 为小区 A 交通出行者选择路段 i 的交通出行量，单位为辆/h。

综上所述，小区 A 的交通出行者去往小区 B 选择拥挤收费路段 1 的出行成本为：

$$u_{A1} = -\gamma \cdot t_{z1} \cdot \left[1 + 0.15 \cdot ((q_1 + \frac{1}{\sqrt{2\pi} \cdot \sigma_1} \cdot \exp\left(-\frac{(x-\mu_1)^2}{2 \cdot (\sigma_1)^2}\right) \cdot c_1)/c_1)^4 \right] - k \quad (3\text{-}9)$$

小区 A 的交通出行者去往小区 B 选择非拥挤收费路段的出行成本为：

$$u_{A2} = -\gamma \cdot t_{z2} \cdot \left[1 + 0.15 \cdot ((q_2 + \frac{1}{\sqrt{2\pi} \cdot \sigma_2} \cdot \exp\left(-\frac{(x-\mu_2)^2}{2 \cdot (\sigma_2)^2}\right) \cdot c_2)/c_2)^4 \right] - k \quad (3\text{-}10)$$

3.3　目标函数及求解算法

3.3.1　目标函数

本书认为，所有出行者都有使得自身后悔程度最小的动机，即所有出行者都尽量使自身的选择接近不后悔状态，在具体计算中可以将任一策略集中所选路径效用差（即后悔程度）可接受时的状态视为稳定的均衡状态。因此，小区 A 的交通出行者选择拥挤收费路段去往小区 B 的后悔度函数如下：

$$R_1 = \left| u_{A1} - \frac{u_{A1} + u_{A2}}{2} \right| \quad (3-11)$$

式中　R_1——小区 A 的交通出行者选择拥挤收费路段 1 去往小区 B 的后悔程度。

同理，小区 A 的自驾出行者选择路段 2 去往小区 B 的后悔度函数如下：

$$R_2 = \left| u_{A2} - \frac{u_{A1} + u_{A2}}{2} \right| \quad (3-12)$$

式中　R_2——小区 A 的交通出行者选择非拥挤收费路段 2 去往小区 B 的后悔程度。

由此可得，该模型的总体目标函数及约束条件如下：

$$\min R_{sum} = \min \sum R_i \quad (3-13)$$

$$St： \forall p_i \geqslant 0 \quad (3-14)$$

$$\mathbf{aeq} \times \mathbf{p} = \mathbf{beq} \quad (3-15)$$

$$\forall R_i \leqslant R_k \quad (3-16)$$

式中　**aeq**、**beq**——等式约束的系数矩阵，某出行端点的各选择人数之和等于该出行端点的出行人数；

　　　R_i——出行路径 i 的后悔程度，元；

　　　R_k——可接受后悔程度，元。

3.3.2　求解算法

非线性规划是一种求解目标函数或约束条件中有一个或几个非线性函数的最优化问题的方法。20 世纪 50 年代初，库哈（H.W.Kuhn）和托克（A.W.Tucker）提出了非线性规划的基本定理，为非线性规划奠定了理论基础。这一方法在工业、交通运输、经济管理和军事等方面有广泛的应用，特别是在"最优设计"方面，它提供了数学基础和计算方法，因此有重要的实用价值。简单来说，若规划问题的目标函数或约束条件中包含非线性函数，则称为非线性规划。通常求解非线性规划问题要比求解线性规划问题困难得多，与线性规划中的单纯形法这一通用方法不同，非线性规划目前没有适用于各种问题的通用算法，现有的各种方法都有其特定的应用范围。间接法求解最优化问题主要有两类方法：一种是在可行域内下降目标函数的迭代算法，如可行点法；另一种是利用目标函数和约束构造增广目标函数，将约束优化问题转化为无约束优化问题，如序列二次规划法、乘子法、函数法等。

优化问题可以最终归结为求函数的最小或最大值，但是有效的方法是保证获得可信解的必要条件，序列二次规划算法就是求解约束非线性优化问题最有效的方法之一。序列二次规划（SQP）算法是将复杂的非线性约束最优化问题转化为比较简单的二次规划（QP）问题求解的算法。所谓二次规划问题，就是目标函数为二次函数，约束函数为线性函数的最优化问题，为此规划问题是最简单的非线性约束最优化问题。与其他算法相比，序列二次规划方法具有收敛性好、计算效率高、边界搜索能力强等优点，因此得到了广泛的重视和应用。在序列二次规划方法的迭代过程中，每一步需要求解一个或多个二次规划子问题。一般情况下，由于二次规划子问题难以利用原问题的稀疏性、对称性等良好特性来求解，随着问题规模的扩大，其计算量和所需存储空间都非常大。因此，目前的序列二次规划算法一般只适用于中小型问题。

遗传算法是模拟达尔文生物进化论的自然选择和遗传学机理的生物进化过程的计算模型，是一种通过模拟自然进化过程搜索最优解的方法。它遵循自然界"适者生存、优胜劣汰"的原则，是一类借鉴生物界自然选择和自然遗传机制的随机化搜索算法。遗传算法起源于对生物系统所进行的计算机模拟研究，它是模仿自然界生物进化机制发展起来的随机全局搜索和优化方法，借鉴了达尔文的进化论和孟德尔的遗传学。其本质是一种高效、并行的全局搜索的方法，能在搜索过程中自动获取和积累有关搜索空间的知识，并自适应地控制搜索过程以求得最佳解。达尔文进化论的主要观点是：物竞天择，适者生存。遗传算法的基本思想就是模仿自然进化过程，通过对群体中具有某种结构形式的个体进行遗传操作，从而生成新的群体，逐渐逼近最优解。在求解过程中设定一个固定规模的种群，种群中的每个个体都表示问题的一个可能解，个体适应环境的程度用适应度函数判断，适应度差的个体被淘汰，适应度好的个体得以继续繁衍，繁衍的过程中可能要经过选择、交叉、变异，形成新的族群，如此往复，最后得到更多更好的解。

遗传算法的主要步骤包括：

（1）编码。

将问题的候选解用染色体表示，实现解空间向编码空间的映射过程。遗传算法不直接处理解空间的决策变量，而是将其转换成由基因按一定结构组成的染色体。编码方式有很多，如二进制编码、实数向量编码、整数排列编码、通用数据结构编码等等。本文将采用二进制编码的方式，将十进制的变量转换成二进制，用0和1组成的数字串模拟染色体，可以很方便地实现基因交叉、变异等操作。

（2）种群初始化。

产生代表问题可能潜在解集的一个初始群体（编码集合）。种群规模设定主要有以下方面的考虑：从群体多样性方面考虑，群体越大越好，避免陷入局部最优；从计算效率方面考虑，群体规模越大将导致计算量的增加。应该根据实际问题确定种群的规模。产生初始化种群的方法通常有两种：一是完全随机的方法产生；二是根据先验知识设定一组必须满足的条件，然后根据这些条件生成初始样本。

（3）计算个体适应度。

利用适应度函数计算各个个体的适应度大小。适应度函数（Fitness Function）的选取直接影响到遗传算法的收敛速度以及找到最优解，因为在进化搜索中基本不利用外部信息，仅以适应度函数为依据，利用种群每个个体的适应程度来指导搜索。

（4）进化计算。

通过选择、交叉、变异，产生出代表新的解集的群体。

选择（Selection）：根据个体适应度大小，按照优胜劣汰的原则，淘汰不合理的个体；交叉（Crossover）：编码的交叉重组，类似于染色体的交叉重组；变异（Mutation）：编码按小概率扰动产生的变化，类似于基因突变。

（5）解码。

末代种群中的最优个体经过解码实现从编码空间向解空间的映射，可以作为问题的近似最优解。这是整个遗传算法的最后一步，经过若干次的进化过程，种群中适应度最高的个体代表问题的最优解，但这个最优解还是一个由0和1组成的数字串，要将它转换成十进制才能供我们理解和使用。

在本交通模型求解时，运用遗传算法和序列二次规划算法互相迭代进行求解。为了克服遗传算法容易"早熟"及收敛慢和序列二次规划算法稳定性不足的缺点，在本研究中综合运用遗传算法和序列二次规划算法进行迭代求解。求解步骤如下：首先定义约束条件范围内的任一初始种群，再运用遗传算法进行计算，找到局部最优点；然后将之前遗传算法求出的局部最优解作为序列二次规划算法的初值进行计算，得到更优的解；再将序列二次规划算法求出的更优的解，作为遗传算法初始种群中的一支进行计算，如此往复。

3.4 数据分析

交通拥堵费的作用在于分流，即促使人们改乘公共交通工具。从交通经济学的角度来看，实施拥堵收费的本质在于引导人们理性选择出行，进而缓解城市交通拥堵。城市道路拥堵收费通过对特定时间内行驶在拥堵路段上的用户收取额外的费用，使出行者不得不做出以下选择：第一，不出行或改选其他线路；第二，改变出行方式选择；第三，不改变出行方式选择但须支付额外费用。前两种出行选择都可以大大减少拥堵路段的交通量，而后一种出行选择所得来的资金亦可用于城市交通基础建设和公交服务水平的提高。需要说明的是，与一般高速公路或者公路收取过路费用于补偿贷款建设成本不同，拥堵收费收入只是副产品，其主要目的仍是引导和调节出行需求，缓解交通拥堵。而道路拥堵收费如果能够得到合理利用，则可以进一步改善我国的道路供给现状，拥堵收费收入对于城市道路建设、城市公共交通发展无疑将会起到积极作用。因此道路拥堵收费作为一项解决交通拥堵难题的有效政策，存在着实践需求，但是必须明确拥堵收费不是为了收费而收费，其根本目的在于缓解城市交通拥挤。

为了对比同一拥挤收费水平下，大城市交通系统和中小城市交通系统的不同实施效果，在本研究中，针对我国城市居民的交通出行特性以及收入水平，将两场景下的拥挤收费费率 k 统一定为 10 元。

3.4.1 大城市交通场景

大城市交通具有相对完善的道路交通基础设施、较好的道路条件、较为先进的交通管理手段、较远的通勤出行距离以及较大的道路交通出行量。

其中，时间价值（Value of Time，VOT）是时间推移所造成的利益增量或时间非生产性消耗所造成利益损失的货币化表达，即单位行程时间货币化。研究表明，居民对其出行时间价值的判断会对其出发时刻、出行频率、出行方式和出行路径产生影响，因此，出行时间价值的计算是交通需求预测的基本参数。交通出行者出行时间价值的计算方法主要有生产法、非集计模型法和收入法：① 生产法是在假设生产过程中使用行程延迟时间的基础上提出的。它与 GDP 成正比，与该地区的员工数量和工作时间成反比。该方法计算方法简单，数据采集相对容易，适用于固定人员的工作行程。② 非集计模型法是一种常用的交通行为分析方法。当计算出行时间时，效用函数考虑出行时间和成本，再通过数据对变量参数进行校准，以获得不同交通条件下的出行时间价值。非集计模型法可以得到异质出行群体的出行时间值，但为保证模型精度必须进行大量的实地调查，在对调查数据的抽样和统计分析过程中也存在一定的误差。③ 收入法根据交通出行者的工作收入来计算时间价值，将年工作收入换算为时薪，认为交通出行时间的机会成本为等额时薪。

在本研究中时间价值 γ 的取值采用的是上述方法中的"收入法",时间价值 γ 可以将出行者的出行时间等量转化为金钱,通常认为不同收入的群体具有不同的时间价值。基于 2021 年下半年我国北京市城市居民人均可支配收入进行计算,将 2021 年下半年北京市数据 37 501 元除以下半年工作时长 1 000 h(按每日工作 8 h,半年工作 125 天计算),得出 2021 年下半年特大城市城市居民单位小时收入为 37.5 元,即时间价值取值为 37.5 元/h。

为了在模型中反映(特)大城市交通系统特性,参数设置如表 3-1 所示。

表 3-1 (特)大城市交通场景参数设置

序号	参数代号	参数意义	取值范围
1	l_1	选择路径 1 的出行距离(拥挤收费路径,更靠近中心城区)	11.3 km(北京)
2	l_2	选择路径 2 的出行距离(非收费路径,更远离中心城区)	16.3 km
3	v_0	自由流速度	30 km/h
4	γ	时间价值	37.5 元/h
5	c_1	路径 1 的通行能力	3 200 辆/h
6	c_2	路径 2 的通行能力	4 000 辆/h
7	μ_1	路径 1 背景交通量修正系数的均值	0.5
8	μ_2	路径 2 背景交通量修正系数的均值	0.5
9	σ_1	路段 1 背景交通量修正系数的标准差	0.1
10	σ_2	路段 2 背景交通量修正系数的标准差	0.1
11	k_{bj1}	路段 1 背景交通量修正系数	0.586 2
12	k_{bj2}	路段 2 背景交通量修正系数	0.531 9
13	α	交通阻抗函数 BPR 函数的参数 1	0.15
14	β	交通阻抗函数 BPR 函数的参数 2	4
15	k_{reg}	可接受后悔度	平均出行成本的 20%
16	n	小区 A 出行者总量	6000 辆/h
17	k_{cong}	收费路段拥挤收费费率	10 元

3.4.2 中小城市交通场景

我国中小城市城镇居民人均可支配收入同样基于 2021 年下半年数据进行计算，将 2021 年下半年江西省宜春市数据 19 911 元除以下半年工作时长 1 000 h（按每日工作 8 h，半年工作 125 天计算），得出 2021 年下半年我国中小城市城镇居民单位小时收入为 19.91 元，即时间价值取值为 19.91 元/h。

为了在模型中反映中小城市交通系统特性，参数设置如表 3-2 所示。

表 3-2 中小城市交通场景参数设置

序号	参数代号	参数意义	取值范围
1	l_1	选择路径 1 的出行距离（拥挤收费路径，更靠近中心城区）	5.3 km（宜春）
2	l_2	选择路径 2 的出行距离（非拥挤收费路径，更远离中心城区）	7.7 km
3	v_0	自由流速度	30 km/h
4	γ	时间价值	19.91 元/h
5	c_1	路径 1 的通行能力	2 400 辆/h
6	c_2	路径 2 的通行能力	3 200 辆/h
7	μ_1	路径 1 背景交通量修正系数的均值	0.5
8	μ_2	路径 2 背景交通量修正系数的均值	0.5
9	σ_1	路段 1 背景交通量修正系数的标准差	0.1
10	σ_2	路段 2 背景交通量修正系数的标准差	0.1
11	k_{bj1}	路段 1 背景交通量修正系数	0.586 2
12	k_{bj2}	路段 2 背景交通量修正系数	0.531 9
13	α	交通阻抗函数 BPR 函数的参数 1	0.15
14	β	交通阻抗函数 BPR 函数的参数 2	4
15	k_{reg}	可接受后悔度	平均出行成本的 20%
16	n	小区 A 出行者总量	4000 辆/h
17	k_{cong}	收费路段拥挤收费费率	10 元

3.4.3 大城市拥挤收费实施前后

以拥挤收费实施前的大城市交通场景参数输入模型后,运用遗传算法找到局部最优点,将其作为序列二次规划算法的初值进行计算,得到更优的解,再将此解作为遗传算法初始种群中的一支进行计算,如此反复迭代直到目标函数值无法更优时停止。以拥挤收费 $k_{cong}=0$ 元时为例,大城市交通场景中拥挤收费等于 0 元时,第一次 GA 计算过程如图 3-4 所示。

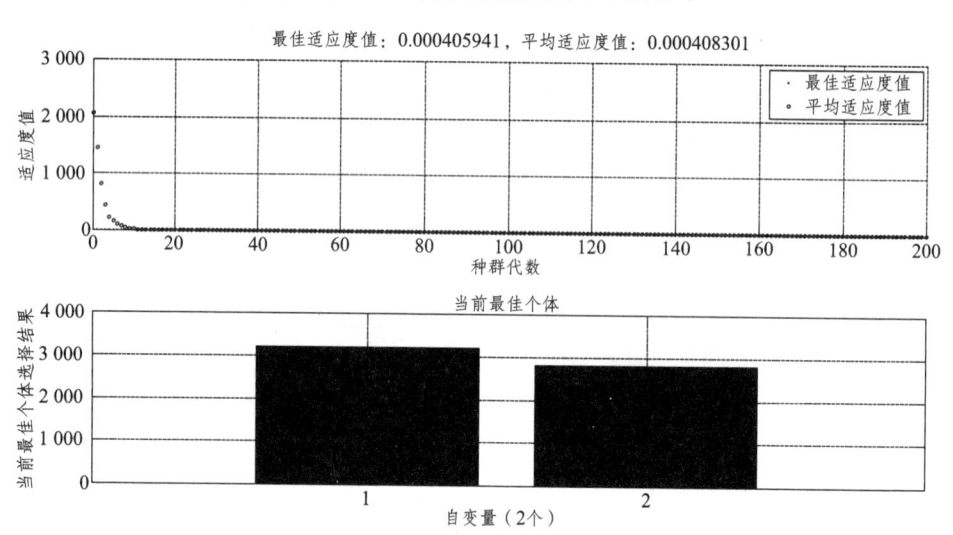

图 3-4 大城市交通场景拥挤收费等于 0 元时,第一次 GA 计算过程

然后将第一次 GA 算法的计算结果作为 SQP 算法的初值进行计算,本次 SQP 算法的计算结果如表 3-3 所示。

表 3-3 大城市交通场景拥挤收费等于 0 元时,第一次迭代 SQP 算法计算结果

选择代号	计算结果
$p1$	3 194
$p2$	2 806

此时,最佳目标值(即对应遗传算法的最佳适应度值)为 0.00040588,与第一次 GA(0.000405941)相比下降了 0.015%,可以认为继续迭代计算已

无法使计算结果更优。故可以认为表 3-3 中,即拥挤收费等于 0 元时,交通小区 A 出行者的选择结果。此时,出行 OD 后悔程度如表 3-4 所示。

表 3-4 大城市交通场景拥挤收费等于 0 元时,出行 OD 后悔程度

序号	出行 OD	出行路径	出行成本/元	后悔程度/元
1	A—B	1	27.4573	0
2	A—B	2	27.4573	0

通过计算,此时平均出行成本为 27.4573 元,则可接受后悔程度 k 等于平均出行成本的 20%,即可接受后悔程度 k 等于 5.49146 元。由表 3-4 可知,出行 OD 后悔程度均小于可接受后悔程度 k,故认为此时交通系统达到稳定的均衡状态。

同理可得大城市交通场景拥挤收费等于 10 元时,第一次 GA 计算过程,如图 3-5 所示。

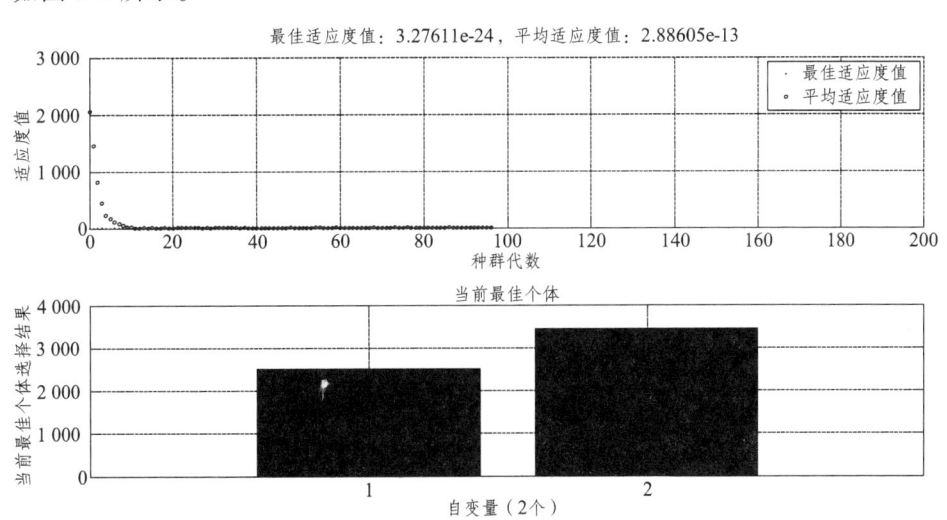

图 3-5 大城市交通场景拥挤收费等于 10 元时,第一次 GA 计算过程

然后将第一次的 GA 算法的计算结果作为 SQP 算法的初值进行计算,本次 SQP 算法的计算结果如表 3-5 所示。

表 3-5 大城市交通场景拥挤收费等于 10 元时，第一次迭代 SQP 算法计算结果

选择代号	计算结果
$p1$	2 553
$p2$	3 447

此时，最佳目标值（即对应遗传算法的最佳适应度值）为 3.2729×10^{-24}，与第一次 GA（3.2761×10^{-24}）相比下降了 0.098%。可以认为继续迭代计算已无法使计算结果更优，故可以认为表 3-5 即为拥挤收费等于 10 元时，交通小区 A 出行者的选择结果。此时，出行 OD 后悔程度如表 3-6 所示。

表 3-6 大城市交通场景拥挤收费等于 10 元时，出行 OD 后悔程度

序号	出行 OD	出行路径	出行成本/元	后悔程度/元
1	A—B	1	31.901 4	0
2	A—B	2	31.901 4	0

通过计算，此时平均出行成本为 31.9014 元，则可接受后悔程度 k 等于平均出行成本的 20%，即可接受后悔程度 k 等于 6.380 28 元。由表 3-6 可知，出行 OD 后悔程度均小于可接受后悔程度 k，故认为此时交通系统达到稳定的均衡状态。

通过对比拥挤收费实施前后大城市交通场景的交通运行状态，可以得出以下结论：大城市交通场景中，拥挤收费实施前交通小区 A 的交通出行者选择路径 1 的人数（3 194 人）比路径 2（2 806 人）略多；拥挤收费实施后，出行路径选择情况发生改变，选择路径 1 的交通出行者人数开始减少，选择路径 2 的交通出行者人数开始增加。待系统运行稳定后，路径 1 的选择人数（2 553 人）明显小于路径 2 的选择人数（3 447 人）。

当拥挤收费实施后，交通出行者的出行路径选择发生了显著变化，大量交通出行者（641 人）从收费出行路径 1 转移到非收费出行路径 2。整个交通系统随着拥挤收费的实施,出行者平均出行成本从 27.46 元增加到 31.9 元（增幅为 16.17%），平均出行时间从 0.732 2 小时减少到 0.717 4 小时（降幅为

2.02%），平均拥堵程度（道路服务水平）从实施前的 1.408 8 下降到实施后的 1.388 8（降幅为 1.42%），共收取了 34 770 元的拥挤收费费用。

3.4.4 中小城市拥挤收费实施前后

同 3.4.3 节的计算步骤，首先运用的算法找到局部最优点，将其作为 SQP 算法的初值进行计算，得到更优的解，再将此解作为下一次 GA 算法初始种群中的一支进行计算。如此反复迭代直到目标函数值无法更优时停止。以中小城市拥挤收费实施前为例，中小城市交通场景拥挤收费实施前，第一次 GA 计算过程如图 3-6 所示。

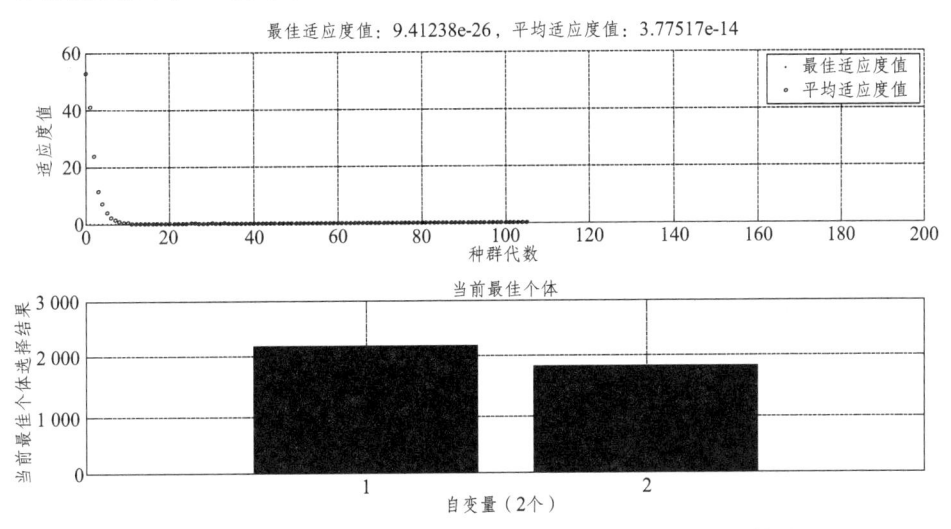

图 3-6 中小城市交通场景无拥挤收费时，第一次 GA 计算过程

然后将第一次 GA 算法的计算结果作为 SQP 算法的初值进行计算，本次 SQP 算法的计算结果如表 3-7 所示。

表 3-7 中小城市交通场景无拥挤收费时，第一次迭代 SQP 算法计算结果

选择代号	计算结果
$p1$	2 200
$p2$	1 800

此时,最佳目标值(即对应 GA 算法的最佳适应度值)为 9.3960×10^{-26},与第一次 GA(9.41238×10^{-26})相比下降了 0.17%。可以认为继续迭代计算已无法使计算结果更优,故可以认为表 3-7 即为中小城市交通场景中无拥挤收费时,交通小区 A 出行者的选择结果。此时出行 OD 后悔程度如表 3-8 所示。

表 3-8　中小城市交通场景无拥挤收费时,出行 OD 后悔程度

序号	出行 OD	出行路径	出行成本/元	后悔程度/元
1	A—B	1	6.209 6	0
2	A—B	2	6.209 6	0

通过计算,此时平均出行成本为 6.209 6 元,则可接受后悔程度 k 等于平均出行成本的 20%,即可接受后悔程度 k 等于 1.241 92 元。由表 3-8 可知,出行 OD 后悔程度均小于可接受后悔程度 k,故认为此时交通系统达到稳定的均衡状态。

同理可得中小城市交通场景拥挤收费等于 10 元时,中小城市交通场景第一次 GA 计算过程,如图 3-7 所示。

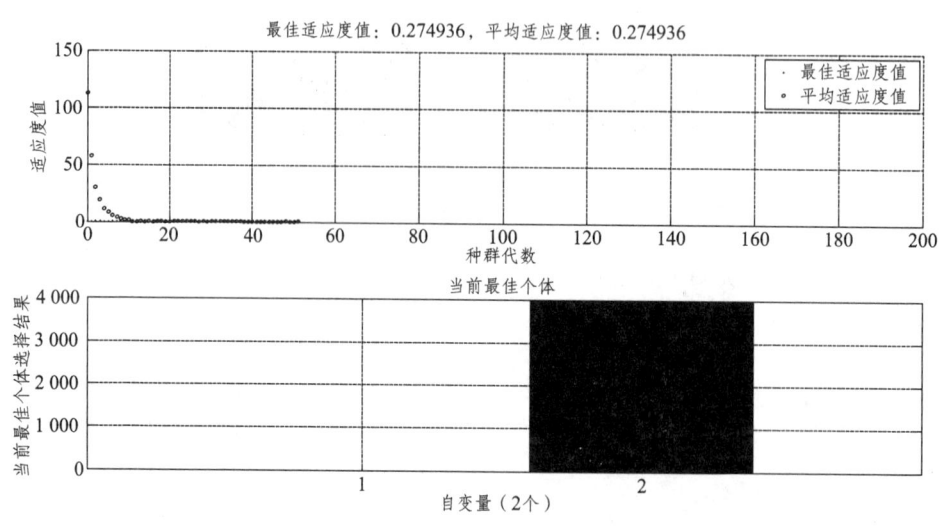

图 3-7　中小城市交通场景拥挤收费实施后,第一次 GA 计算过程

第3章 中小城市拥挤收费实施特性研究

然后将第一次遗传算法的计算结果作为SQP算法的初值进行计算,本次SQP算法的计算结果如表3-9所示。

表3-9 中小城市交通场景拥挤收费实施后,第一次迭代SQP算法计算结果

选择代号	计算结果
$p1$	0
$p2$	4 000

此时,最佳目标值(即对应遗传算法的最佳适应度值)为0.274 9,与第一次GA(0.274 9)相比下降了0%。可以认为继续迭代计算已无法使计算结果更优,故可以认为表3-10即为拥挤收费等于10元时,中小城市交通场景中交通小区A出行者的选择结果。此时,出行OD后悔程度如表3-10所示。

表3-10 中小城市交通场景拥挤收费实施后,出行OD后悔程度

序号	出行OD	出行路径	出行成本/元	后悔程度/元
1	A—B	1	13.579 7	0.370 7
2	A—B	2	12.838 2	0.370 8

通过计算,此时平均出行成本为13.209元,则可接受后悔程度k等于平均出行成本的20%,即可接受后悔程度k等于2.641 8元。由表3-10可知,出行OD后悔程度均小于可接受后悔程度k,故认为此时交通系统达到稳定的均衡状态。

通过对比拥挤收费实施前后中小城市交通场景的交通运行状态,可以得出以下结论:在所研究的中小城市交通场景中,拥挤收费实施前交通小区A的交通出行者选择路径1的人数(2 200人)比路径2(1 800人)略多;拥挤收费实施后,出行路径选择情况发生彻底改变,选择路径1的交通出行者人数开始减少,选择路径2的交通出行者人数开始增加;待系统运行稳定后,交通小区A的所有交通出行者全部选择路径2(4 000人)出行,系统出现严格劣势策略(路径1)。

在中小城市交通场景中，当拥挤收费实施后，交通出行者的出行路径选择发生了极其显著的变化，大量交通出行者（2 200 人）从收费出行路径 1 转移到非收费出行路径 2。整个交通系统随着拥挤收费的实施，出行者平均出行成本从 6.21 元增加到 13.21 元（增幅为 112.72%），平均出行时间从 0.311 9 h 增加到 0.412 3 h（增幅为 32.19%），平均拥堵程度（道路服务水平）从实施前的 1.298 6 下降到实施后的 1.184 1（降幅为 8.82%），共收取了 40 000 元的拥挤收费费用。

3.5 主要结论

通过对比（特）大城市交通场景和中小城市交通场景，发现同等水平的拥挤收费费用对交通系统带来的影响存在显著差异。在（特）大城市交通场景中，拥挤收费实施以后道路服务水平有所下降、出行时间有所减少，交通系统得到一定的改善。而在中小城市交通场景中，随着拥挤收费的实施，交通出行者的出行选择行为出现了严重的不合理倾向，所有出行者都选择非拥挤路径出行，这使得非拥挤出行路径拥堵不堪（服务水平上升到 1.7819 veh/h），与此同时平均出行时间还上升了 32.19%。因此有必要针对中小城市的特点，制定有针对性的拥挤收费实施方案。

第4章 中小城市拥挤收费实施必要性研究

4.1 研究背景

我国当下中小城市交通拥堵愈发严重,严重影响城市居民日常生活。造成这一现象的原因有三:一是居民收入的持续提高带来大量新增机动车出行量;二是交通基础设施不完善,特别是老城区交通资源紧张,关键路段容易发生交通拥堵;三是交通管理手段单一,并未将私人小汽车出行的外部成本内部化,出行需求结构有待调整。其中,居民收入水平的持续提高必然带来机动车需求量的持续旺盛,中小城市机动车保有量的持续增长是必然趋势。

图 4-1 江西省九江市柴桑区第一小学放学时出现严重交通拥堵

受有限的城市土地资源约束,交通基础设施的建设不可能永远满足旺盛的道路出行需求，特别是私人小汽车的大量出现更是加重了交通供给的巨大压力。这意味着只能从改善交通管理水平出发来缓解道路交通拥堵，实施行之有效的城市交通发展政策与交通需求管理措施，可使交通需求与其社会边际成本相匹配，拥挤收费作为典型的交通需求管理手段理应受到中小城市交通管理部门的重视。

图 4-2　江西宜春某路段上班高峰交通拥堵严重

纵观国外拥挤收费实施的成功案例，正确地实施拥挤收费对于交通的改善效果是显著的，因此有必要在中小城市交通供需矛盾愈演愈烈之际尝试使用拥挤收费政策。针对我国中小城市的特点，拥挤收费对交通的改善效果究竟如何？这是一个值得研究的问题。本研究考虑出行群体间相互影响，依据混合博弈理论和后悔理论，研究了拥挤收费政策在我国典型中小城市的实施效果，以讨论我国中小城市的拥挤收费政策适应性问题。

4.2　交通场景

首先搭建简单交通出行选择场景，以研究中小城市拥挤收费实施的必要性对拥挤收费实施效果的影响。

4.2.1 场景设置

我国关于城市规模的定义如下：城区常住人口 50 万以下的城市为小城市，其中 20 万以上 50 万以下的城市为Ⅰ型小城市，20 万以下的城市为Ⅱ型小城市。城区常住人口 50 万以上 100 万以下的城市为中等城市。城区常住人口 100 万以上 500 万以下的城市为大城市。其中，300 万以上 500 万以下的城市为Ⅰ型大城市，100 万以上 300 万以下的城市为Ⅱ型大城市。城区常住人口 500 万以上 1000 万以下的城市为特大城市。城区常住人口 1000 万以上的城市为超大城市。本章搭建的交通场景以城区常住人口 20 万以上 50 万以下的Ⅰ型小城市为模板（即所有小区总人数控制在 50 万人以下），具体道路网络结构和交通小区设置情况如图 4-3 所示。

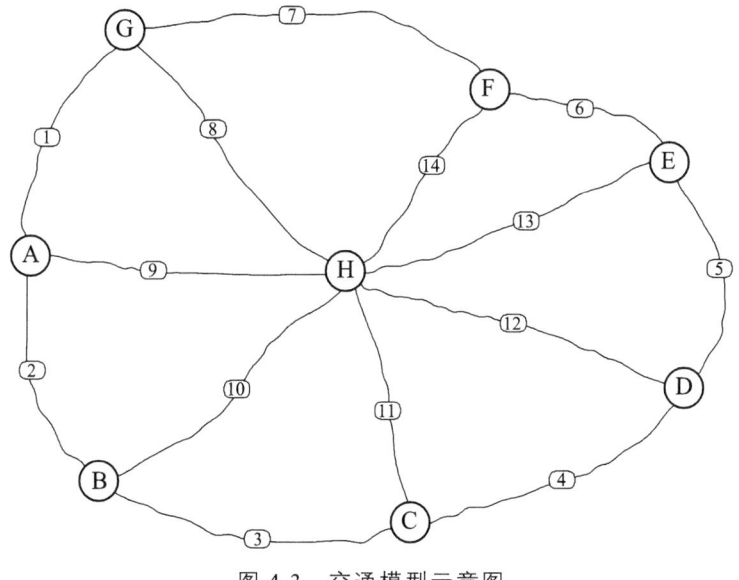

图 4-3 交通模型示意图

如图 4-3 所示，具体的交通场景表述如下：该交通系统共有 8 个交通小区，14 条路段。城区中心小区 H 位于城市中心，交通小区 A、B、C、D、E、F、G 围绕在中心小区 H 周边。路段 1、2、3、4、5、6、7 构成城市外围路段，路段 8、9、10、11、12、13、14 连接外围小区和中心小区 H。

067

4.2.2 交通小区属性

其中各交通小区属性如表 4-1 所示。

表 4-1　出行端点的交通出行量

序号	交通小区	属性	小区人数/人	交通生成量修正系数	高峰小时交通生成量/（辆/h）
1	A	中型小区	45 570	7.2%	3 281
2	B	中型小区	44 190	7.2%	3 182
3	C	小型小区	27 640	7.2%	1 990
4	D	大型小区	84 250	7.2%	6 066
5	E	小型小区	31 370	7.2%	2 259
6	F	中型小区	45 520	7.2%	3 277
7	G	小型小区	28 620	7.2%	2 061

交通生成为指定地区、指定时间内人或车出行的出发数和达到数之和。表征一个地区的出行活动总量，其单位通常是人次/日或车次/日。出行生成量由土地使用所决定。现状出行生成量由出行调查得到，未来出行生成量由出行生成预测模型计算得到。在本研究中，假设场景交通生成量基于交通小区人口数进行估算，具体的计算公式如下：

$$q_{gfi} = k_{fs} \cdot n_i \tag{4-1}$$

式中　q_{gfi} ——交通小区 i 的高峰小时交通生成量；

　　　k_{fs} ——交通生成量修正系数；

　　　n_i ——交通小区 i 的小区人数。

4.2.3 出行 OD 量

任一小区交通分布量按照去往中心小区 40%，去往两个外围小区各占 30% 进行计算，具体如表 4-2 所示。

表 4-2 交通小区的出行分布量

序号	出行 OD	出行 OD 量	序号	出行 OD	出行 OD 量
1	A—B	984	12	D—H	2426
2	A—G	984	13	E—D	678
3	A—H	1 312	14	E—F	678
4	B—A	955	15	E—H	904
5	B—C	955	16	F—E	983
6	B—H	1 273	17	F—G	983
7	C—B	597	18	F—H	1 311
8	C—D	597	19	G—A	618
9	C—H	796	20	G—F	618
10	D—C	1 820	21	G—H	824
11	D—E	1 820			

4.2.4 道路网络属性

假设外围道路的道路条件较好，自由流车速和路段通行能力都相对较高，则具体的路段属性如表 4-3 所示。

表 4-3 路段属性

路段代号	路段位置	双向车道数	距离/km	自由流车速/(km/h)	自由流出行时间/h	单向通行能力/(veh/h)
1	外围道路	6 车道	2.67	60	0.044 5	2 400
2	外围道路	6 车道	2.42	60	0.040 3	2 400
3	外围道路	6 车道	3.01	60	0.050 2	2 400
4	外围道路	6 车道	3.28	60	0.054 7	2 400
5	外围道路	6 车道	2.14	60	0.035 7	2 400
6	外围道路	6 车道	1.75	60	0.029 2	2 400
7	外围道路	6 车道	3.72	60	0.062 0	2 400
8	中心道路	4 车道	4.03	40	0.100 75	1 600
9	中心道路	4 车道	3.61	40	0.090 25	1 600
10	中心道路	4 车道	3.43	40	0.085 75	1 600
11	中心道路	4 车道	3.02	40	0.075 5	1 600
12	中心道路	4 车道	3.57	40	0.089 25	1 600
13	中心道路	4 车道	3.31	40	0.082 75	1 600
14	中心道路	4 车道	2.87	40	0.071 75	1 600

4.2.5 备选策略集

假设外围交通小区出行生成量小于中心小区的出行生成量，假设外围小区与附近两个外围小区和中心小区 H 互有交通出行发生，每个外围出行 OD 都存在首选出行路径和备选出行路径两个出行路径选择，每个连接外围小区和中心小区的出行路径集有三个备选方案，具体的各小区的交通出行 OD 及备选路径集如表 4-4 所示。

表 4-4　各 OD 出行路径

OD	路径组成	选择人数代号
AB	2	$p1$
	9-10	$p2$
AG	1	$p3$
	9-8	$p4$
AH	9	$p5$
	1-8	$p6$
	2-10	$p7$
BA	2	$p8$
	10-9	$p9$
BC	3	$p10$
	10-11	$p11$
BH	10	$p12$
	2-9	$p13$
	3-11	$p14$
CB	3	$p15$
	11-10	$p16$
CD	4	$p17$
	11-12	$p18$
CH	11	$p19$
	3-10	$p20$
	4-12	$p21$
DC	4	$p22$
	12-11	$p23$

续表

OD	路径组成	选择人数代号
DE	5	*p*24
	12-13	*p*25
DH	12	*p*26
	4-11	*p*27
	5-13	*p*28
ED	5	*p*29
	13-12	*p*30
EF	6	*p*31
	13-14	*p*32
EH	13	*p*33
	5-12	*p*34
	6-14	*p*35
FE	6	*p*36
	14-13	*p*37
FG	7	*p*38
	14-8	*p*39
FH	14	*p*40
	7-8	*p*41
	6-13	*p*42
GA	1	*p*43
	8-9	*p*44
GF	7	*p*45
	8-14	*p*46
GH	8	*p*47
	7-14	*p*48
	1-9	*p*49

4.3　出行选择模型

4.3.1　Wardrop 原则

Wardrop 于 1952 年提出了交通网络均衡的第一原则和第二原则，为交通流分配奠定了基础。Wardrop 第一原则是：当道路使用者完全知悉路网的交通状态并尝试选择最短路径出行时，网络将自发达到系统平衡状态。在考虑交通拥挤的影响时，网络均衡后每个 OD 对的每条使用路径的出行时间相等，且出行时间最小；未被使用的路径运行时间大于等于最小运行时间。这种网络均衡状态通常称为 Wardrop 均衡，在实际交通流分配中也称为用户均衡或用户优化。可以看出，在道路网络系统未达到平衡状态时，至少有一部分道路使用者会通过改变路线来缩短行驶时间，直到系统均衡为止。Wardrop 第二原则是：在系统均衡条件下，拥堵路网上的交通流应按照最小的总出行成本进行分配，Wardrop 第二原则也被称为系统最优原则。

Wardrop 的第一原则认为，当路网达到均衡时，每组 OD 的每条被利用路径效用相等且最大，这和混合博弈的均衡状态类似。从经济学的角度分析，在现实的交通出行环境中，由于城市用地资源有限，城市交通设施属于典型的准公共物品。在道路拥挤效应普遍存在的情况下，交通出行选择模型中不得不考虑出行者间的相互影响。特别是由于道路资源的有限性，交通出行者出行选择的效果和收益必将会受到其他交通出行者选择的影响，即拥挤条件下的交通出行选择过程包含潜在的博弈行为。因此，在对城市道路交通系统进行仿真研究时，必须考虑出行群体间的相互影响。理性的交通出行者在进行出行路径和出行方式选择时会自发考虑其他出行群体的可能选择，以及这些选择结果对自身的影响，这和博弈理论的基本理念相似。为此，本研究借鉴混合博弈的基本思想进行建模，而博弈模型的经典求解方法也为该交通仿真模型的求解提供了依据。

4.3.2 混合博弈理论

混合策略是参与者以一定概率值随机选择的一种策略，它可以用向量的形式表示。在矩阵对策中，它只在没有鞍点时出现，因为当矩阵对策中没有鞍点时，参与对策的参与人不能有目的地选择对策以达到均衡状态，只能从策略集合中随机选择策略。也就是说，如果一种策略要求参与者在给定的信息下，随机选择具有一定概率分布的不同行为，这种策略就称为混合策略。参与者所采用的策略并不是一种明确而独特的策略，而是策略空间中的一种概率分布。

混合博弈纳什均衡是由最优混合策略组成的混合策略组合，由于混合策略收益的不确定性，参与者更关心其预期效用。最优混合策略是指在对方混合策略给定的条件下，使期望效用最大化的混合策略。其求解方法主要有：① 收益最大化法，即最大化各参与方的效用函数。② 最优响应函数法，在连续纯策略均衡的情况下，可以用响应对应的概念来描述一个参与者对应于其他参与者的混合策略的最优选择。③ 收益相等法，每个参与者的混合策略使得其他参与者的任何纯策略的预期收益相等。因此，求解混合策略纳什均衡可以使参与者的每一个纯策略的收益相等，从而形成一个待解的方程组。本研究中，模型求解使用的是收益相等法，以某交通小区出行者各备选出行路径效用相等（或者效用差可接受）作为目标函数进行模型求解。

4.3.3 基本模型

这里将所建模型分为有、无拥挤收费措施下的出行路径选择博弈模型，两个博弈的参与者和策略集相同，区别在于博弈的效用函数。博弈包含以下内容：① 博弈的参与者，博弈的参与者为各出行端点内的 n 个出行者。② 博弈的策略集，博弈包含首选出行路径、备选出行路径 1（部分交通小区的出行选择策略还包含备选出行路径 2）这 2 个（或 3 个）策略。对于每个博弈参与者 i 而言，其策略集 S_i 为：选择首选出行路径，记为 $m_i = 1$；选择备选出行路径，记为 $m_i = 0$。其中，$i \in \{1, 2, \cdots, n\}$。③ 博弈的效用函数，根据博弈理论对于博弈参与者 i 而言，其效用 u_i 应是所有出行者选择策略的函数，即：

$$u_i(S_1, S_2, \cdots, S_n) = u_i(m_1, m_2, \cdots, m_n) \tag{4-2}$$

式中　m_i——出行者的策略。

本研究将博弈参与者的效用函数包括有、无拥挤收费下的出行策略。

当交通系统不实施拥挤收费时，系统内交通出行者的选择主要受到出行时间成本和使用成本 2 部分的影响，函数形式如下：

$$u_i = -\gamma \cdot t_c(q_{bj}, q_c) - k(l_i) \tag{4-3}$$

式中　u_i——无拥挤收费措施时出行者选择小汽车的效用函数；

　　　γ——时间价值；

　　　q_c——选择小汽车出行的人数；

　　　q_{bj}——背景交通量；

　　　$t_c(q_{bj}, q_c)$——小汽车通行时间，是小汽车出行人数 q_c 和背景交通量 q_{bj} 的函数；

　　　$k(l_i)$——机动车使用成本函数，受出行路径长度的影响。

4.3.4 背景交通量

背景交通出行时间由交通网络中的背景交通量计算，背景交通量是该场景中出行者做出出行选择之前路网中已存在的交通量。不同路段的背景交通量存在明显差异，可以认为背景交通量是一个服从正态分布的随机数。根据道路网络的实际情况，确定该模型中某路段的背景交通量等于该路段通行能力乘以背景交通量修正系数 k_{bji}，k_{bji} 为服从均值 μ_i=0.5，标准差 σ_i=0.25 正态分布的随机数（见表 4-5），具体公式如下：

$$q_{bji} = k_{bji} \cdot c_i = \frac{1}{\sqrt{2\pi} \cdot \sigma_i} \cdot \exp\left(-\frac{(x - \mu_i)^2}{2 \cdot (\sigma_i)^2}\right) \cdot c_i \tag{4-4}$$

式中　q_{bji}——路段 i 的背景交通量，辆/h；

　　　k_{bji}——路段 i 的背景交通量修正系数。

表 4-5　背景交通量修正系数（正态分布随机数生成结果）

外围路段	1	2	3	4	5	6	7
k_{bji}	0.353 6	0.284 6	0.290 7	0.411 7	0.405 7	0.406 3	0.350 4
中心路段	8	9	10	11	12	13	14
k_{bji}	0.209 4	0.353 8	0.422 3	0.336 7	0.377 6	0.354 5	0.277 2

4.3.5　道路阻抗函数

在交通规划四阶段的交通分配阶段，为了对交通流量进行分配，必须考虑路段的时间阻抗。根据该路段的行驶时间与交通量的关系，可以确定该路段行驶时间的修正函数，即路阻函数。道路阻抗函数用来描述车辆在道路上的行驶成本与道路交通状况之间的关系，它能反映路网各组成部分的通行能力限制和拥堵效应。它是交通量分配预测中的关键技术，是实现交通分配的前提。道路阻抗函数的研究已经取得了许多成果，提出了许多不同形式的函数并在实践中得到应用。其中，Davidson 基于排队论提出了一种渐近道路阻抗函数。王树生等推导并拟合了道路阻力函数关系式。王元庆等对 BPR 函数参数进行了重新校准，建立了模型。王炜等人根据我国国情提出了道路阻抗函数修正模型。霍飞通过分析行车特性，确定了与道路阻抗函数相关的因素，并改进了现有的数学模型。还有基于 Greenshields 模型的道路阻抗函数包括速度和交通密度等关键参数，以及基于 Edie 交通流模型（多态速度-密度模型，Multi-Regime Speed-Centration Model）的道路阻抗函数。其中，联邦公路管理局提出的 BPR 函数（Bureau of Public Roads 函数）被广泛应用，BPR 函数的待标定参数由联邦公路管理局进行标定：$\alpha = 0.15$，$\beta = 4.0$，这两个参数的推荐值在美国具有较好的适用性。同时，通过标定参数，分布结果与观测值之间的误差显著减小。

BPR 模型结构简单，参数少，求解速度快。同时，它可以对不同区域重

新调整 α、β 校准值，因此具有广泛的适应性，但也存在许多不足，包括：① 当平均拥挤程度（V/C）趋于 1 时，曲线并不趋于无穷，导致该路段由于用户分布均衡而出现车流量大于通行能力的现象；② C 在这个函数中并非严格意义上实际路段的通行能力，α 为 0.15 时，它表明当出行时间大于 15%自由流出行时间时的流量，所以 C 将随 α 的改变而变化；③ 当参数 β 过高时，BPR 函数的计算精度过低，当饱和率较低时，出行时间变化很小。这是因为大多数发达国家以机动车为主，交通流量构成相对简单，此时该模型具有良好的适用性。中国的交通情况表现出差异显著的特征，交通流构成复杂（机动车、行人、非机动车混合），不同区域道路条件千差万别。因此，在我国的交通规划中很难应用只考虑机动车流量的道路阻抗函数。

为了避免传统 BPR 函数的不足，本研究采用改进的 BPR 函数——EMME2 锥形延迟函数，该函数既具有 BPR 函数的一些特性，又能缩短计算时间。而且改进路阻函数 $t_c(q)$ 所用到的几个参数(t_{c0}, c, α, β)与 BPR 函数中参数的含义均相同，具体形式如下：

$$t_c(q) = t_{c0} \cdot \left[2 + \left(\beta_e^2 \cdot (1 - q/c)^2 + \left(\frac{2\beta_e - 1}{2\beta_e - 2} \right)^2 \right)^{\frac{1}{2}} - \beta_e \cdot (1 - q/c) - \frac{2\beta_e - 1}{2\beta_e - 2} \right] \quad （4-5）$$

式中　β_e——模型的参数，为大于 1 的常数；

t_{c0}——自由流时间，h；

c——路段通行能力，辆/h。

将 β_e 取值 1.5，则该模型中的交通阻抗函数可以表示为：

$$t_c(q) = t_{c0} \cdot \left[(2.25 \cdot (1 - q/c)^2 + 4)^{\frac{1}{2}} - 1.5 \cdot (1 - q/c) \right] \quad （4-6）$$

4.3.6　拥挤收费方式

当交通系统实施拥挤收费以后，系统内交通出行者的选择主要受到出行时间成本、机动车使用成本和拥挤收费 3 部分的影响，函数形式如下：

$$u_i' = -\gamma \cdot t_c(q_{bj}, q_c) - k(l_i) - f_{\text{cong}} \tag{4-7}$$

式中　u_i'——拥挤收费措施实施以后出行者选择小汽车的效用函数；

　　　f_{cong}——拥挤收费费用，元。

拥挤收费的收费方法主要分为动态拥挤收费和静态拥挤收费、第一最优拥挤收费和第二最优拥挤收费。一般来说，高峰时段的交通拥堵主要是由于用户出行时间和路线选择不当造成的。因此，最优拥堵收费应反映出行需求在时间和空间上的分布，但现有的研究大多将拥堵收费的时间维度和空间维度分开处理，以简化交通分布和网络结构的复杂性。只考虑空间维度的拥挤收费称为静态收费，只考虑时间维度且忽略网络拓扑结构的拥挤收费称为时变收费，而同时考虑时间维度和空间维度的拥挤收费称为动态收费。静态拥挤收费适用于稳定状态下的交通网络（即 OD 矩阵是固定的，没有时间可变性）。它不考虑收费的时间变异性，即静态收费模型不考虑当前收费对未来交通拥堵水平的影响。动态拥挤收费考虑的出行需求和出行成本是时变的，因此动态拥挤收费也是时变的。

第一最优拥挤收费也被称为边际成本定价，假设路网中存在完美的收费系统，通过对路网每一路段的用户收取与边际成本等值的拥挤收费，将整个交通系统的用户均衡状态转化为系统最优平衡状态。由于第一最优拥挤收费法忽略了城市交通网络的复杂特性，实际应用中交通管理者一直对其持怀疑态度。近年来，一些交通工程学者将第一最优拥挤收费扩展到一般网络，并提出了第二最优拥挤收费的概念，第二最优拥挤收费实质上是一个考虑网络约束下的拥堵道路收费问题。第一最优拥挤收费和第二最优拥挤收费分别属于静态收费和动态收费。

在本章的研究中，结合路网实际情况，采取静态收费中的分区域拥挤收费模式。而收费标准以关键路段9和路段12的道路服务水平均值为修正系数，再乘以某基础费率 k_{cong}，具体拥挤收费公式如下：

$$f_{\text{cong}} = k_{\text{cong}} \cdot \frac{\left(\dfrac{q_9}{c_9} + \dfrac{q_{12}}{c_{12}}\right)}{2} \tag{4-8}$$

式中　k_{cong}——拥挤道路使用收费的基础费率，元；

　　　q_i——关键路段 i 的交通流量，辆/h；

　　　c_i——关键路段 i 的道路通行能力，辆/h。

4.3.7　效用函数

综上所述，无拥挤收费时，出行者选择出行路径 i 的效用函数为：

$$u_i = -\gamma \cdot t_{c0i} \cdot \left[\left(2.25 \cdot (1 - (q_{ci} + \frac{1}{\sqrt{2\pi} \cdot \sigma_i} \cdot \exp\left(-\frac{(x-\mu_i)^2}{2 \cdot (\sigma_i)^2}\right) \cdot c_i)/c)^2 + 4\right)^{\frac{1}{2}} - \\ 1.5 \cdot (1 - (q_{ci} + \frac{1}{\sqrt{2\pi} \cdot \sigma_i} \cdot \exp\left(-\frac{(x-\mu_i)^2}{2 \cdot (\sigma_i)^2}\right) \cdot c_i)/c) \right] - k_{sy} \cdot l_i \tag{4-9}$$

式中　k_{sy}——小汽车单位里程使用费用，元。

拥挤收费实施以后，拥挤收费区域内，出行者选择出行路径 i 的效用函数为：

$$u'_i = -\gamma \cdot t_{c0i} \cdot \left[\left(2.25 \cdot (1 - (q_{ci} + \frac{1}{\sqrt{2\pi} \cdot \sigma_i} \cdot \exp\left(-\frac{(x-\mu_i)^2}{2 \cdot (\sigma_i)^2}\right) \cdot c_i)/c)^2 + 4\right)^{\frac{1}{2}} - \\ 1.5 \cdot (1 - (q_{ci} + \frac{1}{\sqrt{2\pi} \cdot \sigma_i} \cdot \exp\left(-\frac{(x-\mu_i)^2}{2 \cdot (\sigma_i)^2}\right) \cdot c_i)/c) \right] - k_{sy} \cdot l_i - k_{\text{cong}} \cdot \frac{\left(\dfrac{q_9}{c_9} + \dfrac{q_{12}}{c_{12}}\right)}{2} \tag{4-10}$$

4.4 参数设置

4.4.1 时间价值

时间价值是时间推移所造成的利益增量或时间非生产性消耗所造成利益损失的货币化表达，即单位行程时间货币化。研究表明，居民对其出行时间价值的判断会对其出发时刻、出行频率、出行方式和出行路径产生影响。因此，出行时间价值的计算是交通需求预测的基本参数。交通出行者出行时间价值的计算方法主要有生产法、非集计模型法和收入法：① 生产法是在假设生产过程中使用行程延迟时间的基础上提出的。它与 GDP 成正比，与该地区的员工数量和工作时间成反比。该方法计算方法简单，数据采集相对容易，适用于固定人员的工作行程。② 非集计模型法是一种常用的交通行为分析方法。当计算出行时间时，效用函数考虑出行时间和成本，再通过数据对变量参数进行校准，以获得不同交通条件下的出行时间价值。非集计模型法可以得到异质出行群体的出行时间价值，但为保证模型精度必须进行大量的实地调查，在对调查数据的抽样和统计分析过程中也存在一定的误差。③ 收入法根据交通出行者的工作收入来计算时间价值，其将收入或工资按一定比例进行折中。

在本研究中时间价值 γ 的取值采用的是上述方法中的"收入法"，时间价值 γ 可以将出行者的出行时间等量转化为金钱，通常认为不同收入的群体具有不同的时间价值。基于 2021 年下半年我国中小城市城镇居民人均可支配收入进行计算，将 2021 年下半年江西省宜春市数据 19 911 元除以下半年工作时长 1 000 h（按每日工作 8 h，半年工作 125 天计算），得出 2021 年下半年我国中小城市城镇居民单位小时收入为 19.91 元，即时间价值取值为 19.91 元/h。

4.4.2 自驾车使用成本

随着城市化进程的不断推进，居民收入的不断提高，私家车保有量急剧增加，交通资源有效利用率持续下降，城市居民交通出行成本显著提高。其中，私家车的使用成本主要来自两个方面：一是随着驾驶强度和行驶里程的变化而变化的成本，如燃油成本、车辆维修成本、轮胎磨损成本等；二是不随出行里程和强度变化而变化的费用，如预付的车辆保险费、路桥费等。前者的计算主要受道路等级、交通条件等多因素的影响，其中，燃油消耗率、汽车发动机功率、交叉口类型、城市道路级配都会影响单位燃油消耗成本。后者可以通过调查统计数据的计算直接得到。

自 20 世纪 70 年代以来，各种各样的车辆行驶成本估算模型被提出，其中最典型的是世界银行利用巴西调查数据建立的油耗计算模型。该模型基于车辆机动力学，采用综合指标描述假设场景道路特征，通过现场试验进行参数修正，具有区域适应性和可扩展性。潘玉利在对国外主流油耗模型进行深入研究和探讨的基础上，通过理论推导和现场试验标定，建立了国内主要车型的油耗预估模型。

在本研究中，车主个人负担的私人小汽车使用成本 k 主要包括燃油费和汽车折旧费。其中燃油费的计算如下：2022 年 2 月 11 日，江西省宜春市 92 号汽油的油价为 7.63 元/L，按照家用小汽车市区百公里油耗 8 升计算，得私人小汽车的燃油费为 0.610 4 元/km。汽车折旧费主要包括购车成本、保险费和保养费 3 部分。其中购车成本按 14 万元计算，总计行驶里程 20 万 km；保险费按 2700 元一年计算，假设总共行驶 20 年报废，得使用期总保费为 5.4 万元；保养费按每 5 千公里 260 元计算为 0.052；由此可得汽车折旧费为 1.022 元/km。故私人小汽车的每公里使用成本 k_{sy}=燃油费+汽车折旧费 = 0.610 4 +1.022 =1.632 4（元/km）。

4.4.3 拥挤收费基础费率

拥挤收费基本费率 k_{cong} 的取值不仅影响拥挤收费的实施效果，还直接影响居民对拥挤收费的接受程度。如果 k_{cong} 取值过低，私家车造成的外部社会成本（拥挤造成其他车辆的时间损失）不能完全转化为个人内部成本，此时，实施拥挤收费仍不能保证整个系统的交通量达到交通供需的理想平衡点，还存在超额出行。如果拥堵费的基本费率 k_{cong} 取值过高，会直接引起私家车车主的强烈不满，使拥挤收费的实施面临来自民众的巨大阻力，甚至直接导致拥堵费政策的失败。因此，在本研究中，针对中国中小城市的交通出行特性以及居民收入水平，将拥挤收费基本费率 k_{cong} 定为 5 元。

4.5 目标函数选取

4.5.1 理论依据

经典的交通预测四阶段模型包括四个部分：出行生成、出行分布、出行方式划分和交通分配。出行生成包括各交通小区出行吸引量和产生量，目的是获取各交通小区在相应的经济发展规模、人口规模和土地利用特征下的出行总量，主要的计算方法有增长率法、回归分析法和家庭类别法；出行分布的目的是获得城市不同空间位置的出行需求分布，主要的预测方法有增长率法等、重力模型法；出行方式划分的目的是获取各交通出行方式的交通量分担率，主要方法有分类法、随机效用法和转移曲线法等；交通分配是将两个交通小区之间的交通流量分配到各出行路径中，用以生成每个路段的流量，主要的方法有系统最优法、全有全无法和用户平衡法等。

四阶段法建模过程具有一定缺点，即按顺序进行四阶段模型，前一阶段模型的输出结果作为下一阶段模型的输入数据，这必然会导致前期计算误差的传递和放大。而本研究为了克服这些缺点，引入了具有反馈机制的组合模型技术，在确定可选路径的前提下，通过交通出行选择的博弈过程将交通出行方式划分和交通分配相结合，运用迭代循环算法保证分配结果的合理性和稳定性，从而真实地反映运输系统的复杂性。

假设当一个策略集中的任意两个子策略的效用都相等且最大时，该策略集的参与者达到了绝对的不后悔状态。而当所有策略集的参与者都不后悔时，系统达到均衡。但在实际生活中，人们通常在当后悔程度可接受时，就不再去主动改变其选择行为了，而这也符合后悔理论基本假设。

4.5.2 目标函数

基于此，本研究认为所有出行者都有使得自身后悔程度最小的动机，即所有出行者都尽量使自身的选择接近不后悔状态。在计算中可以将任一策略集中所选路径效用差（即后悔程度）可接受时的状态视为稳定的均衡状态，并将后悔程度最小视为策略参与者的总体目标。

其中，两备选出行路径的情况以出行 OD 对 A—B 为例，其后悔程度为：

$$R_{AB} = (\left|u_1 - \frac{u_1+u_2}{2}\right| + \left|u_2 - \frac{u_1+u_2}{2}\right|)/2 \quad (4\text{-}11)$$

式中　R_{AB}——出行 OD 对 A—B 出行者的后悔程度；

u_1——策略 $p1$ 的效益，即出行路径 2 的出行成本负值；

u_2——策略 $p2$ 的效益，即出行路径 9-10 的出行成本负值。

其中，三备选出行路径的情况以出行 OD 对 A—H 为例，其后悔程度为：

$$R_{AH} = (\left|u_5 - \frac{u_5+u_6+u_7}{3}\right| + \left|u_6 - \frac{u_5+u_6+u_7}{3}\right| + \left|u_7 - \frac{u_5+u_6+u_7}{3}\right|)/3 \quad (4\text{-}12)$$

式中　R_{AH}——出行 OD 对 A—H 出行者的后悔程度；

u_5——策略 $p5$ 的效益，即出行路径 9 的出行成本负值；

u_6——策略 $p6$ 的效益，即出行路径 1-8 的出行成本负值。

u_7——策略 $p7$ 的效益，即出行路径 2-10 的出行成本负值。

由此可得，该模型的总目标函数及约束条件如下：

$$\min R_{sum} = \min \sum R_i \quad (4\text{-}13)$$

$$\text{St}: \quad \forall p_i \geq 0 \quad (4\text{-}14)$$

$$\mathbf{aeq} \times \mathbf{p} = \mathbf{beq} \quad (4\text{-}15)$$

$$\forall R_i \leq k \quad (4\text{-}16)$$

式中　**aeq**、**beq**——等式约束的系数矩阵，使得某出行端点的各选择人数之和等于该出行端点的出行人数；

　　　R_i——出行 OD 对 i 的后悔程度，单位为元；

　　　k——可接受后悔程度，其值等于平均出行成本的 20%，单位为元。

4.6　求解算法

计算时，运用遗传算法和序列二次规划算法互相迭代进行求解。为了克服遗传算法容易早熟收敛慢和序列二次规划算法稳定性不足的缺点，在本研究中综合运用遗传算法和序列二次规划算法进行迭代求解。求解步骤如下：首先定义约束条件范围内的任一初始种群，再运用遗传算法进行计算，找到局部最优点；然后将之前遗传算法求出的局部最优解作为序列二次规划算法的初值进行计算，得到更优的解；再将序列二次规划算法求出的更优的解，作为遗传算法初始种群中的一支进行计算，如此往复。

4.6.1　遗传算法

遗传算法是一种模拟达尔文生物进化论中自然选择和遗传机制的生物进化过程的计算模型，它是一种通过模拟自然进化过程来寻找最优解的方法。其主要特点是直接操作结构对象，不受函数连续性的限制；该算法具有固有的隐式并行性和较好的全局优化能力；采用概率优化方法，可以自动获得优化后的搜索空间，不需要一定的规则引导，搜索方向可以自适应调整。遗传算法以群体中的所有个体为对象，利用随机化技术引导编码参数空间进行高效搜索。遗传算法的遗传操作包括选择、交叉和变异过程，参数编码、初始种群设置、适应度函数设计、遗传操作设计和控制参数设置则构成了遗传算法的核心内容。

遗传算法的基本操作步骤如下：① 初始化：设置进化代数计数器 $t =$

0，设置最大进化代数 T，随机生成 M 个个体作为初始种群 $P(0)$。② 个体评价：计算群体中每个个体的适应度 $P(t)$。③ 选择操作：将选择操作算子应用到群体中。选择的目的是将优化后的个体直接遗传给下一代，或通过配对和交叉产生新的个体，然后再遗传给下一代，选择操作是基于群体中个体的适合度进行筛选。④ 交叉操作：将交叉操作算子应用于群体，交叉算子在遗传算法中起着核心作用，将种群的部分编码进行两两交换。⑤ 突变运算：将变异算子应用于种群，也就是改变群体中个体基因串某些位点上的基因值，通过选择、交叉和变异得到下一代群体。⑥ 判断终止条件：如果 $t=T$，则以进化过程中获得的适应度最大的个体作为最优解的输出，终止计算。

4.6.2 序列二次规划法

非线性规划问题是指目标函数或约束条件下具有非线性函数的规划问题，通常求解非线性规划问题要比求解线性规划问题困难得多。与线性规划中的单纯形法这一通用方法不同，非线性规划目前没有适用于各种问题的通用算法，现有的各种方法都有其特定的应用范围。间接法求解最优化问题主要有两类方法：一种是在可行域内下降目标函数的迭代算法，如可行点法；另一种是利用目标函数和约束构造增广目标函数，将约束优化问题转化为无约束优化问题，如序列二次规划法、乘子法、函数法等。

序列二次规划算法是求解约束非线性优化问题最有效的方法之一，与其他算法相比，序列二次规划方法具有收敛性好、计算效率高、边界搜索能力强等优点，因此得到了广泛的重视和应用。在序列二次规划方法的迭代过程中，每一步需要求解一个或多个二次规划子问题。一般情况下，由于二次规划子问题难以利用原问题的稀疏性、对称性等良好特性来求解，随着问题规模的扩大，其计算量和所需存储空间都非常大。因此，目前的序列二次规划算法一般只适用于中小型问题。

4.7 数据分析

4.7.1 拥挤收费实施前

计算时，首先运用遗传算法找到局部最优点，将其作为序列二次规划算法的初值进行计算，得到更优的解，再将此解作为 GA 初始种群中的一支进行计算。如此反复迭代直到目标函数值无法更优时停止。以拥挤收费基础费率 $k_{cong} = 0$ 元时为例，拥挤收费基础费率等于 0 元时，第一次 GA 计算过程如图 4-4 所示。

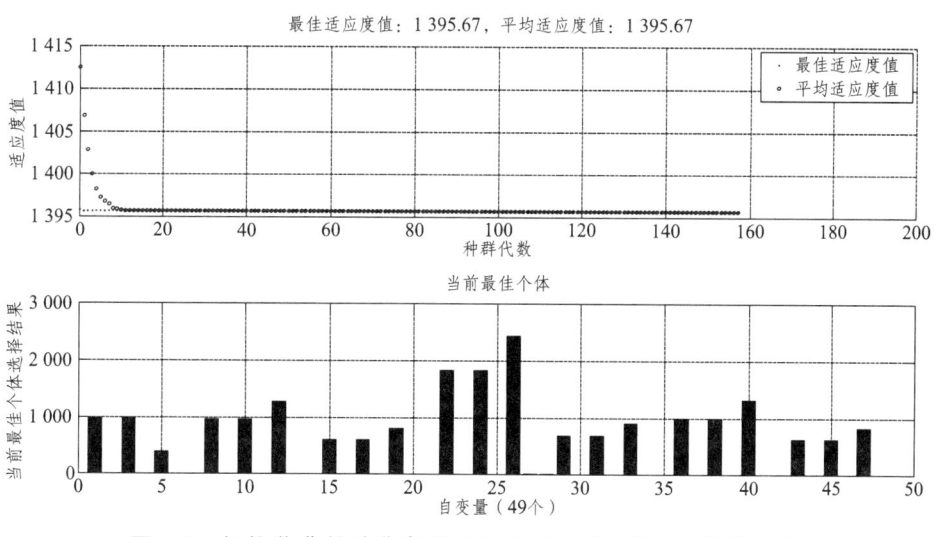

图 4-4 拥挤收费基础费率等于 0 元时，第一次 GA 计算过程

然后将第一次 GA 算法的计算结果作为 SQP 算法的初值进行计算，本次 SQP 算法的计算结果如表 4-6 所示。

表 4-6 拥挤收费基础费率等于 0 元时，第一次迭代 SQP 算法计算结果

选择代号	计算结果	选择代号	计算结果	选择代号	计算结果
$p1$	984	$p18$	0	$p35$	737
$p2$	0	$p19$	0	$p36$	983
$p3$	984	$p20$	477	$p37$	0
$p4$	0	$p21$	319	$p38$	983

续表

选择代号	计算结果	选择代号	计算结果	选择代号	计算结果
p5	91	p22	1820	p39	0
p6	517	p23	0	p40	1 166
p7	704	p24	1 820	p41	0
p8	955	p25	0	p42	145
p9	0	p26	412	p43	618
p10	955	p27	859	p44	0
p11	0	p28	1 156	p45	618
p12	0	p29	678	p46	0
p13	504	p30	0	p47	0
p14	769	p31	678	p48	444
p15	597	p32	0	p49	380
p16	0	p33	0		
p17	597	p34	167		

此时，最佳目标值（即对应 GA 算法的最佳适应度值）为 1 192，与第一次 GA（1 395.67）相比下降了 14.59%。然后再把本次 SQP 算法的计算结果作为下一次 GA 算法计算的初值进行计算，反复迭代后，最后一次 GA 计算过程如图 4-5 所示。

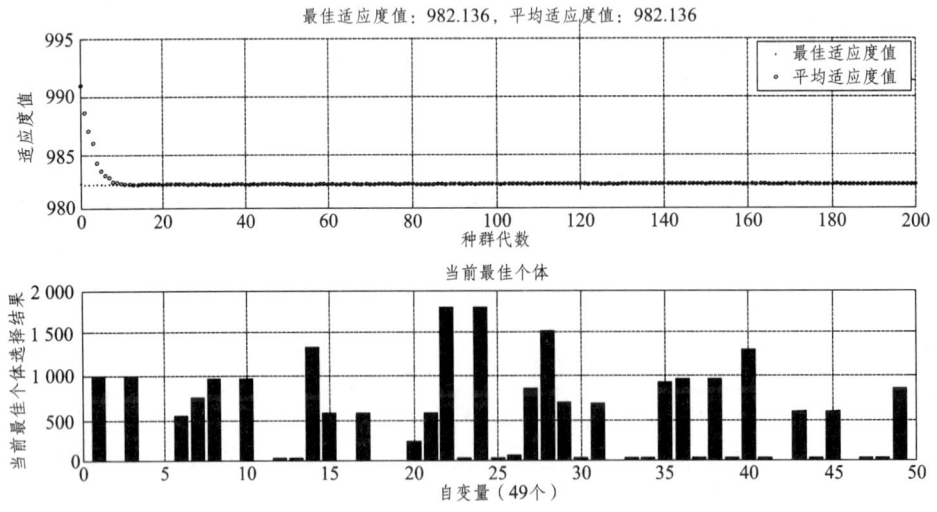

图 4-5 拥挤收费基础费率等于 0 元时，最后一次 GA 计算过程

进而可得拥挤收费基础费率 $k_{\text{cong}} = 0$ 元时，各交通小区出行者的选择结果如表 4-7 所示。

表 4-7　拥挤收费基础费率等于 0 元时，最后一次迭代 GA 算法计算结果

选择代号	计算结果	选择代号	计算结果	选择代号	计算结果
$p1$	984	$p18$	0	$p35$	904
$p2$	0	$p19$	0	$p36$	983
$p3$	984	$p20$	231	$p37$	0
$p4$	0	$p21$	565	$p38$	983
$p5$	0	$p22$	1 820	$p39$	0
$p6$	572	$p23$	0	$p40$	1 311
$p7$	740	$p24$	1 820	$p41$	0
$p8$	955	$p25$	0	$p42$	0
$p9$	0	$p26$	30	$p43$	618
$p10$	955	$p27$	877	$p44$	0
$p11$	0	$p28$	1 519	$p45$	618
$p12$	0	$p29$	678	$p46$	0
$p13$	0	$p30$	0	$p47$	0
$p14$	1 273	$p31$	678	$p48$	3
$p15$	597	$p32$	0	$p49$	821
$p16$	0	$p33$	0		
$p17$	597	$p34$	0		

此时，各出行 OD 后悔程度如表 4-8 所示。

表 4-8　拥挤收费基础费率为 0 元时，各出行 OD 后悔程度

序号	出行 OD	后悔程度/元	序号	出行 OD	后悔程度/元
1	A—B	1.278 0	12	D—H	2.243 2
2	A—G	1.952 8	13	E—D	2.049 9
3	A—H	1.884 1	14	E—F	2.000 0
4	B—A	2.278 0	15	E—H	2.153 5
5	B—C	1.287 4	16	F—E	2.000 0

续表

序号	出行 OD	后悔程度/元	序号	出行 OD	后悔程度/元
6	B—H	2.093 3	17	F—G	1.049 7
7	C—B	2.287 4	18	F—H	1.889 1
8	C—D	1.358 8	19	G—A	1.952 8
9	C—H	1.982 1	20	G—F	2.049 7
10	D—C	1.358 8	21	G—H	1.889 1
11	D—E	2.049 9			

通过计算，此时平均出行成本为 11.865 2 元，则可接受后悔程度 k 等于平均出行成本的 20%，即可接受后悔程度 k 等于 2.373 04 元。由表 4-8 可知，各出行 OD 后悔程度均小于可接受后悔程度 k，故认为此时交通系统达到稳定的均衡状态。

4.7.2 拥挤收费实施后

同理可得拥挤收费基础费率等于 5 元时，第一次 GA 计算过程如图 4-6 所示。

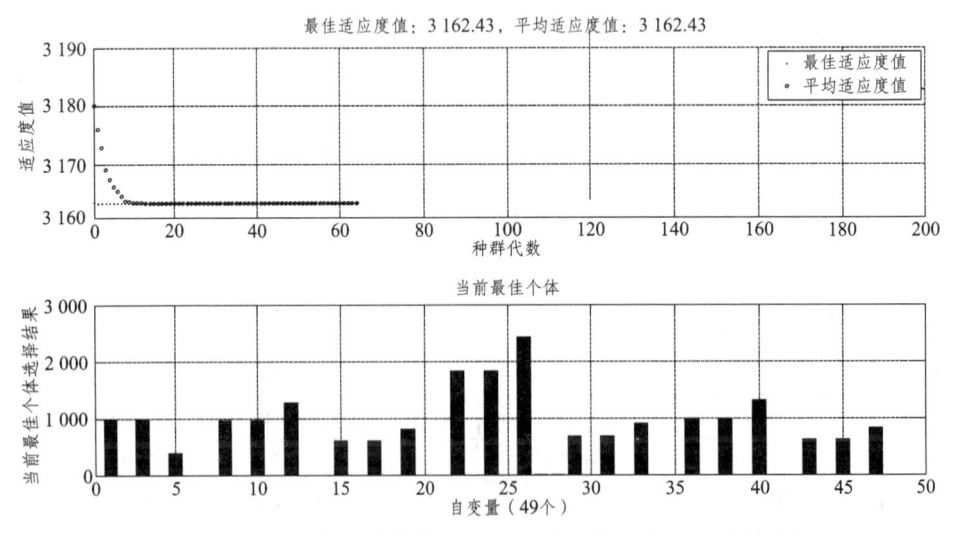

图 4-6 拥挤收费基础费率等于 5 元时，第一次 GA 计算过程

然后将第一次遗传算法的计算结果作为 SQP 算法的初值进行计算，本次 SQP 算法的计算结果如表 4-9 所示。

表 4-9 拥挤收费基础费率等于 5 元时，第一次迭代 SQP 算法计算结果

选择代号	计算结果	选择代号	计算结果	选择代号	计算结果
$p1$	984	$p18$	0	$p35$	904
$p2$	0	$p19$	0	$p36$	983
$p3$	984	$p20$	796	$p37$	0
$p4$	0	$p21$	0	$p38$	983
$p5$	584	$p22$	1 820	$p39$	0
$p6$	350	$p23$	0	$p40$	1 001
$p7$	378	$p24$	1 820	$p41$	310
$p8$	955	$p25$	0	$p42$	0
$p9$	0	$p26$	0	$p43$	618
$p10$	955	$p27$	876	$p44$	0
$p11$	0	$p28$	1 550	$p45$	618
$p12$	175	$p29$	678	$p46$	0
$p13$	0	$p30$	0	$p47$	0
$p14$	1 098	$p31$	678	$p48$	824
$p15$	597	$p32$	0	$p49$	0
$p16$	0	$p33$	0		
$p17$	597	$p34$	0		

此时，最佳目标值（即对应 GA 算法的最佳适应度值）为 1 711.3。与第一次 GA（3 162.43）相比下降了 45.89%。然后再把本次 SQP 算法的计算结果作为下一次 GA 算法计算的初值进行计算，反复迭代后，最后一次 GA 计算过程如图 4-7 所示。

我国中小城市拥挤收费实施可行性研究

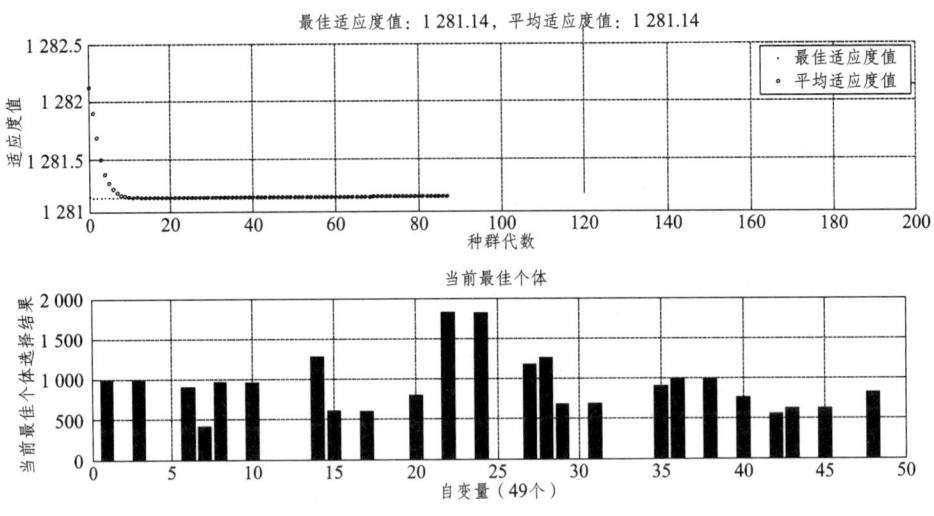

图 4-7 拥挤收费基础费率等于 5 元时，最后一次 GA 计算过程

由此可得拥挤收费基础费率 $k_{cong}=5$ 元时各交通小区出行者的选择结果，如表 4-10 所示。

表 4-10 拥挤收费基础费率等于 5 元时，最后一次迭代 GA 算法计算结果

选择代号	计算结果	选择代号	计算结果	选择代号	计算结果
p1	984	p18	0	p35	904
p2	0	p19	0	p36	983
p3	984	p20	796	p37	0
p4	0	p21	0	p38	983
p5	0	p22	1 820	p39	0
p6	903	p23	0	p40	757
p7	409	p24	1 820	p41	0
p8	955	p25	0	p42	554
p9	0	p26	0	p43	618
p10	955	p27	1 176	p44	0
p11	0	p28	1 250	p45	618
p12	0	p29	678	p46	0
p13	0	p30	0	p47	0
p14	1273	p31	678	p48	824
p15	597	p32	0	p49	0
p16	0	p33	0		
p17	597	p34	0		

此时，各出行 OD 后悔程度如表 4-11 所示。

表 4-11　拥挤收费基础费率为 5 元时，各出行 OD 后悔程度

序号	出行 OD	后悔程度/元	序号	出行 OD	后悔程度/元
1	A—B	2.503 8	12	D—H	2.054 7
2	A—G	1.526 3	13	E—D	2.615 6
3	A—H	2.338 8	14	E—F	1.948 0
4	B—A	1.903 8	15	E—H	1.103 7
5	B—C	1.519 2	16	F—E	1.948 0
6	B—H	2.634 0	17	F—G	2.504 8
7	C—B	2.519 2	18	F—H	2.425 0
8	C—D	2.287 8	19	G—A	1.526 3
9	C—H	1.353 7	20	G—F	1.504 8
10	D—C	1.287 8	21	G—H	2.425 0
11	D—E	1.615 6			

通过计算，此时平均出行成本为 13.2119 元，则可接受后悔程度 k 等于平均出行成本的 20%，即可接受后悔程度 k 等于 2.6424 元。由表 4-11 可知，各出行 OD 后悔程度均小于可接受后悔程度 k，故认为此时交通系统达到稳定的均衡状态。

4.7.3　实施前后对比分析

为分析拥挤收费实施对该交通系统的影响，首先对比拥挤收费实施前后路段服务水平（V/C）的变化情况。拥挤收费实施前，即拥挤收费基础费率为 0 元时（中心路段实际收取了 0 元/次），各路段服务水平如表 4-12 所示。

表 4-12　拥挤收费实施前各路段服务水平

路段代号	路段位置	双向车道数	距离/km	车流量/（辆/h）	双向通行能力/（辆/h）	服务水平
1	外围道路	6 车道	2.67	4 692	4800	0.977 5
2	外围道路	6 车道	2.42	4 045	4800	0.842 7
3	外围道路	6 车道	3.01	4 451	4800	0.927 3
4	外围道路	6 车道	3.28	5 835	4 800	1.215 6
5	外围道路	6 车道	2.14	5 965	4 800	1.242 7

续表

路段代号	路段位置	双向车道数	距离/km	车流量/(辆/h)	双向通行能力/(辆/h)	服务水平
6	外围道路	6车道	1.75	4 515	4 800	0.940 6
7	外围道路	6车道	3.72	3 286	4 800	0.684 6
8	中心道路	4车道	4.03	1 242	3 200	0.388 1
9	中心道路	4车道	3.61	1 953	3 200	0.610 3
10	中心道路	4车道	3.43	2 322	3 200	0.725 6
11	中心道路	4车道	3.02	3 227	3 200	1.008 4
12	中心道路	4车道	3.57	1 804	3 200	0.563 8
13	中心道路	4车道	3.31	2 654	3 200	0.829 4
14	中心道路	4车道	2.87	3 105	3 200	0.970 3

拥挤收费实施后，即拥挤收费基础费率为5元时（中心路段实际只收取了1.8844元/次），各路段服务水平如表4-13所示。

表4-13 拥挤收费实施后各路段服务水平

路段代号	路段位置	双向车道数	距离/km	车流量/(辆/h)	双向通行能力/(辆/h)	服务水平
1	外围道路	6车道	2.67	4 328	4 800	0.901 8
2	外围道路	6车道	2.42	4 869	4 800	1.014 5
3	外围道路	6车道	3.01	5 168	4 800	1.076 6
4	外围道路	6车道	3.28	4 695	4 800	0.978 2
5	外围道路	6车道	2.14	4 825	4 800	1.005 1
6	外围道路	6车道	1.75	5 222	4 800	1.087 9
7	外围道路	6车道	3.72	5 274	4 800	1.098 7
8	中心道路	4车道	4.03	1 620	3 200	0.506 3
9	中心道路	4车道	3.61	1 167	3 200	0.364 5
10	中心道路	4车道	3.43	2 634	3 200	0.823 2
11	中心道路	4车道	3.02	2 591	3 200	0.809 6
12	中心道路	4车道	3.57	1 245	3 200	0.389 0
13	中心道路	4车道	3.31	3 026	3 200	0.945 7
14	中心道路	4车道	2.87	2 432	3 200	0.760 0

通过对比可以发现拥挤收费实施前后，该交通系统的14条路段的平均服务水平从实施前的0.8519略微下降到拥挤收费实施后的0.8401，下降了1.39%。即该收费水平下的拥挤收费对整体交通系统的改善效果有限，这是

由于在该时间价值水平下,拥挤收费实施后出行者的平均出行成本为12.6209元,而中心路段实际征收的拥挤费用仅为 1.8844 元/次,拥挤收费费用仅占平均出行成本的14.93%。综上所述,该水平下的拥挤收费对交通出行者出行选择的影响有限,对整个道路网络交通运行状态的改善作用有限。

对比拥挤收费实施前后道路服务水平的标准差可以发现,拥挤收费实施前所有路段服务水平的标准差为0.2320,拥挤收费实施以后所有路段服务水平标准差为 0.2427,即拥挤收费实施以后,路段服务水平离散程度增加了4.61%。这是由于拥挤收费实施以后,关键路段9和关键路段12的车流量从实施前的 1 953 辆/h、1 804 辆/h 分别下降到实施后的 1 167 辆/h、1 245 辆/h。大量外围小区A与中心小区H的车流量从路径9转移到路径1-8和路径2-10上来,大量外围小区D与中心小区H的车流量从路径12转移到路径4-11和出行路径5-13上来。如果剔除路段9和路段12,仅采用剩下的12条路段的服务水平数据进行计算,则拥挤收费实施前,这12条路段服务水平标准差为0.2216,实施后服务水平标准差反而下降到了 0.1642。综上所述,拥挤收费实施以后,各路段服务水平(也可以认为是拥堵程度)在道路网络空间分布上更为离散,可以认为随着拥挤收费的实施,该道路网络中拥堵的路段更拥堵,通畅的路段更通畅了。

从出行成本的角度来看,拥挤收费实施前和实施后,各交通小区出行成本如表4-14所示。

表 4-14　拥挤收费实施前后各交通小区出行成本

序号	交通小区	小区人数/人	交通生成量/(辆/h)	实施前出行成本/元	实施后出行成本/元	实施前后变化幅度
1	A	45 570	3 281	13.327 7	11.789 5	−11.54%
2	B	44 190	3 182	13.139 2	11.799 3	−10.20%
3	C	27 640	1 990	13.819 9	12.381 5	−10.41%
4	D	84 250	6 066	13.353 7	11.885 8	−10.99%
5	E	31 370	2 259	11.931 6	10.846 5	−9.09%
6	F	45 520	3 277	12.938 4	11.870 7	−8.25%
7	G	28 620	2 061	13.972 8	12.483 2	−10.66%

如前所述，拥挤收费实施前平均出行成本为 13.211 9 元，拥挤收费实施后平均出行成本下降到了 11.865 2 元，降幅为 10.193 1%。其中，拥挤收费实施后，平均出行成本降幅最大的小区为交通小区 A，共下降了 11.54%。平均出行成本降幅最小的小区为交通小区 F，共下降了 8.25%。可以认为，拥挤收费的实施反而节省了系统中大部分交通出行者的出行成本，中小城市实施拥挤收费对于出行者而言是有利的。

拥挤收费实施以后，拥挤收费基础费率为 5 元，实际征收了 1.884 4 元/次的拥挤费用，各交通小区出行者缴纳的拥挤收费总费用如表 4-15 所示。

表 4-15　拥挤收费实施后各交通小区缴纳的拥挤收费总费用

序号	交通小区	小区人数/人	交通生成量/(辆/h)	缴纳拥挤收费车辆数/(辆/h)	缴纳拥挤收费占交通生成量百分比	缴纳拥挤收费总费用/元
1	A	45 570	3 281	1 312	39.99%	2 472
2	B	44 190	3 182	1 273	40.01%	2 399
3	C	27 640	1 990	796	40.00%	1 500
4	D	84 250	6 066	2 426	39.99%	4 572
5	E	31 370	2 259	904	40.02%	1 703
6	F	45 520	3 277	1 311	40.01%	2 470
7	G	28 620	2 061	824	39.98%	1 553

通过表 4-15 可以看出，当拥挤收费实施以后，各交通小区都有 40% 左右的交通出行者选择了包含拥挤收费路段的出行路径，这意味着交通出行者对该收费水平下的拥挤收费的接受度尚可。缴纳的拥挤收费中总费用为 16 669 元，整体水平偏低，这和该假设场景道路网络较小、拥挤收费基础费率不高且拥挤收费函数关键路段车流量偏低有关。从提高拥挤收费收入的角度出发，如果一味提高拥挤收费基础费率，可能导致缴纳拥挤收费占交通生成量百分比显著下降，使得实际缴纳的拥挤收费总额不升反降。

第 4 章　中小城市拥挤收费实施必要性研究

表 4-16　拥挤收费实施前后外围路段服务水平对比

路段代号	路段位置	拥挤收费实施前服务水平	拥挤收费实施后服务水平	变化情况
1	外围道路	0.9775	0.9018	-7.74%
2	外围道路	0.8427	1.0145	20.39%
3	外围道路	0.9273	1.0766	16.10%
4	外围道路	1.2156	0.9782	-19.53%
5	外围道路	1.2427	1.0051	-19.12%
6	外围道路	0.9406	1.0879	15.66%
7	外围道路	0.6846	1.0987	60.49%

表 4-17　拥挤收费实施前后中心路段服务水平对比

路段代号	路段位置	拥挤收费实施前服务水平	拥挤收费实施后服务水平	变化情况
8	中心道路	0.3881	0.5063	30.46%
9	中心道路	0.6103	0.3645	-40.28%
10	中心道路	0.7256	0.8232	13.45%
11	中心道路	1.0084	0.8096	-19.71%
12	中心道路	0.5638	0.3890	-31.00%
13	中心道路	0.8294	0.9457	14.02%
14	中心道路	0.9703	0.7600	-21.67%

对比表 4-16 和表 4-17 可以发现，拥挤收费实施以后，4 条外围道路的服务水平呈现上升趋势，剩余 3 条外围道路的服务水平呈现下降趋势，总体上外围道路的平均服务水平从 0.975 9 上升到了 1.023 3，增幅为 4.857 1%。这说明随着拥挤收费的实施，外围小区之间的交通流量更多使用城市外围道路进行出行。与此同时，3 条中心道路的服务水平呈现上升趋势，剩余 4 条中心道路的服务水平呈现下降趋势，总体上中心道路的平均服务水平从 0.728 0 下降到了 0.656 9，降幅为 9.766 5%。这说明由于中心道路开始征收拥挤收费，使用中心路段的交通出行者显著减少，使得中心路段的拥堵程度得到一定改善。

综上所述，随着拥挤收费的实施，在该假设场景中，该交通系统的 14 条路段的平均服务水平从实施前的 0.851 9 略微下降到拥挤收费实施后的 0.840 1，下降了 1.39%，该收费水平下的拥挤收费对整体交通系统的改善效果有限。各路段服务水平在道路网络空间分布上更为离散，可以认为随着拥挤收费的实施，该道路网络中拥堵的路段更拥堵，通畅的路段更通畅了。拥挤收费实施前平均出行成本为 13.211 9 元，拥挤收费实施后平均出行成本下降到了 11.865 2 元，降幅为 10.193 1%。拥挤收费的实施反而节省了系统中大部分交通出行者的出行成本，中小城市实施拥挤收费对于出行者而言是有利的。此外，由于中心道路开始征收拥挤收费，使用中心路段的交通出行者显著减少，中心道路的平均服务水平从 0.728 0 下降到了 0.656 9，降幅为 9.766 5%，中心路段的拥堵程度得到一定改善。

4.8 主要结论

本章为了研究拥挤收费政策在我国中小城市的实施效果及必要性，首先搭建了一个包含 30.72 万人、8 个交通小区、14 条路段、21 对出行 OD 以及 49 个出行路径选择策略的小型交通场景，并在路网中心路段尝试实施道路拥挤收费。然后在此基础上，考虑出行群体间的相互影响，依据混合博弈理论和后悔理论，分别建立了拥挤收费实施前和实施后的出行路径选择模型。最后以各出行 OD 后悔程度最小为目标函数，以各出行 OD 后悔程度可接受为约束条件，运用遗传算法和序列二次规划算法相互迭代进行模型求解。

通过算例分析，可以得出以下结论：首先，拥挤收费实施后，该收费水平下（中心路段收取 1.88 元/次）的拥挤收费对整体交通系统的改善效果有限（路段平均服务水平仅下降了 1.39%），且各路段服务水平标准差增加了 4.61%，拥堵路段在路网空间分布上更为离散，路网中拥堵的路段更拥堵，通畅的路段更通畅了。其次，拥挤收费实施后，虽然部分出行者缴纳了一定数量的拥挤收费费用，但是整个交通出行者的平均出行成本下降了 10.19%，拥挤收费反而节省了系统中大部分出行者的出行成本，拥挤收费的实施对于出行者而言无疑是有利的。再次，由于仅在中心道路征收拥挤收费，使得拥挤收费实施后，使用中心路段的交通出行者数量显著减少，中心道路的平均服务水平下降了 9.77%，中心路段的拥堵程度得到了一定改善。

在该小型交通场景中，单次出行道路拥挤收费费用仅占平均出行成本的 14.93%，使得拥挤收费对整体交通系统的改善效果有限，但是较低水平的拥挤收费仍然可以有效降低总体出行成本，显著改善收费路段的道路拥堵状况。考虑到我国中小城市日益拥堵的交通运行状况，可以认为在中小城市实施道路拥挤收费是有效的，并且是必要的。

第 5 章　中小城市拥挤收费使用效率研究

5.1　研究背景

上一章重点研究了拥挤收费在中小城市实施的必要性，发现在中小城市实施道路拥挤收费是必要的。那么对于改善交通拥堵而言，征收多少拥挤收费费用才是最有效的，值得进一步研究。为此，本章参考第 3 章的混合博弈模型，对比了不同收费水平和收费模式下的交通系统运行状态，试图发现中小城市最有效率的拥挤收费实施水平。

为进一步分析中小城市拥挤收费的实施效率，需要先对本研究中效率的定义进行说明：这里的效率是指在特定时间内，组织的各种投入与产出之间的比率关系。效率与投入成反比，与产出成正比，即单位成本（通常为金钱成本）产生的收益。在本研究中，拥挤收费的实施必然会增加出行者的出行费用，故可以将拥挤收费征收的费用直接视为成本。

20 世纪初期，美国著名经济学家费雪发展了经济收益理论。在其《资本与收入的性质》一书中，首先从收益的表现形式上分析了收益的概念，提出了三种不同形态的收益：① 精神收益——精神上获得的满足；② 实际收益——物质财富的增加；③ 货币收益——增加资产的货币价值。在上述三种不同形态的收益中，既有可以计量的，也有不可计量的。其中，精神收益因主观性太强而无法计量，货币收益则因不考虑币值变化的静态概念而容易计量。通过第 3 章的数据分析，可以看出在中小交通场景中拥挤收费的实施可以在一定程度上改善交通运行状态，既包括局部道路拥堵程度的改善，也包括交通出行选择的优化和交通出行时间的减少等等。因此，相对于直接将收取的费用视为成本，拥挤收费带来的收益可以有不同的表示方式。那么，选取什么形式的收益作为拥挤收费的实施效果同样值得讨论。

针对上述问题，本章考虑出行群体间相互影响，依据混合博弈理论和后悔理论，研究了拥挤收费政策在我国典型中小城市交通系统中的使用效率，试图为拥挤收费政策在中小城市交通系统的科学使用提供理论参考。

5.2 研究场景

为了搭建交通出行选择场景，首先需要确定交通场景的城市布局和路网结构。

5.2.1 路网结构

城市布局形态主要分为：

（1）集中式布局。集中式又可细分为网格状和环形放射状两种。所谓集中式的城市形态，就是城市各项主要用地集中连片。其优点是便于集中各项生活服务设施，完善城市服务设施内容。城市各项用地紧凑，有利于提高出行效率，方便居民生活，节省建设投资。一般中小城市由于城市规模不大，只要用地条件许可，大多采用这种布局方式。此类城市形态最大的问题是要处理好城市用地的近期与远期的关系，规划布局要有弹性，给远期的发展留有余地。此类型的城市又可进一步分成网格状、环形放射状、星状、带状和环状等五种形态。

（2）分散式布局。分散式又可分为组团状、带状、星状、环状、多中心组群和卫星状这六种形态。所谓组团状，是指一个城市分成若干块不连续的用地，城市组团之间大多受河流、山川等自然地形、矿藏资源或交通系统的分隔，这种发展形态是受到城市用地条件限制而产生的。分散式的城市形态的优点是接近自然、容易处理好近期与远期的关系，使各项用地各得其所。缺点是市政设施和公用设施投资及经营管理费用较大。卫星式是分散式城市形态中的一种类型，主要是指以大城市或特大城市为中心，在其外围发展若干个小城镇，也称为母城和卫星城的模式。此外，分散式城市形态最为极端的是城市组群式，常见于典型的工矿城市。城市形态布局的形式的演变趋势，一是大城市由分散走向集中，再由集中走向分散；二是中小城市以向心集中型为主。

不同城市的道路网络形式同样千差万别，在交通工程学界城市路网主要分为这几类：

（1）方格式，每隔一定距离设置纵向的和横向的接近平行的道路，但由于地形和历史等原因，方格式道路网不一定是严格垂直和平行的，这是我国城市道路网最普遍的一种布局形式，如西安、洛阳等一些平原城市。这种结构的优点是布局整齐，有利于建筑布置和方向识别；交叉口形式简单，便于交通组织和控制。缺点是道路非直线系数较大，交叉口过多，影响行驶速度。

（2）放射式，其特点是城市有明显的市中心或广场，各条街道均通向这里。单纯的放射式只有在小城镇才能适用，因为从城市的任一点到另一点，都要绕经中心。

（3）环形放射式，环形放射式的道路网由若干条环线和起自城市中心或环线上的某一点的射线组成，如天津市就是通过建设内环、中环和外环及14条放射干道构成了环形放射式道路网络。这种结构的优点是网络非直线系数较小；有利于城市中心与其他分区、郊区的交通联系。缺点是街道形状不够规则，存在一些复杂的交叉口，交通组织存在一定困难。

（4）方格-环形-放射混合式，其特点是城市主体地区采用方格式布局，主体地区以外设方形或多边形环路，加放射对角线式直通道路。

（5）自由式，城市道路根据地形特点，或依地势高低建筑而成，道路网无一定的几何形状。主要形成在山丘地带或沿海沿河的城市。如山城重庆位于嘉陵江与长江汇合处，道路主要沿等高线开辟，形成了不同高程的道路网，并以几条干道（包括隧道）将其相连。这种结构的优点是能充分结合自然地形；节省道路工程费用。缺点是道路线路不规则，造成建筑用地分散，交通组织困难。

5.2.2 交通场景

第 3 章的中小城市道路网络为典型的"单中心放射+环线"的类型。现实生活中，我国中小城市路网还有不少为"双中心带状"结构。为此，本章搭建的交通场景以两城市中心+长距离连接路段为基本结构，同样以城区常住人口 20 万以上 50 万以下的 II 型小城市为模板（该交通场景所有小区人数共计 43.59 万人，控制在 50 万人以下），具体道路网络结构和交通小区设置情况如图 5-1 所示。

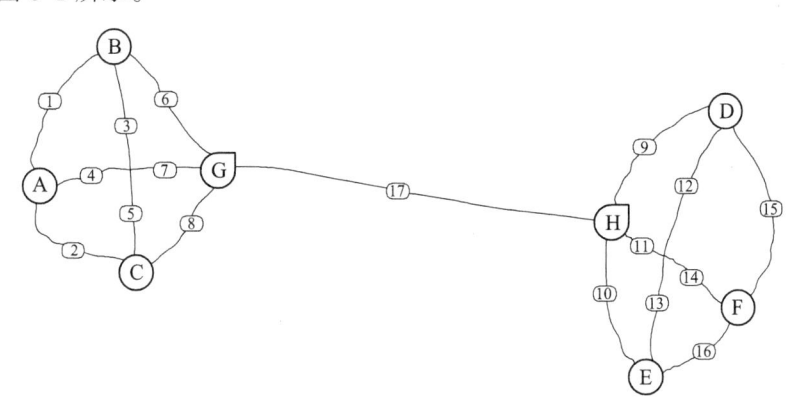

图 5-1 交通模型示意图

如图 5-1 所示，具体的交通场景表述如下：该交通系统共有 8 个交通小区，17 条路段。小区 G 和小区 H 分别为老城区和新城区的中心，交通小区 A、B、C 围绕在老城区中心 G 周边，交通小区 D、E、F 围绕在新城区中心 H 周边。路段 1、2、3、4、5、6、7、8 为老城区道路，路段 9、10、11、12、13、14、15、16 为新城区道路，路段 17 为连接新老城区中心 G 和 H 的关键路段。

其中各交通小区属性如表 5-1 所示。

表 5-1 出行端点的交通出行量

序号	交通小区	属性	小区人数/人	交通生成量修正系数	高峰小时交通生成量/(辆/h)
1	A	中型小区	46 543	7.2%	3 351
2	B	中型小区	42 345	7.2%	3 049
3	C	小型小区	32 189	7.2%	2 318
4	D	大型小区	83 456	7.2%	6 009
5	E	小型小区	31 237	7.2%	2 249
6	F	中型小区	47 869	7.2%	3 447
7	G	大型小区	78 620	7.2%	5 661
8	H	大型小区	73 590	7.2%	5 298

在本研究中，假设场景交通生成量基于交通小区人口数进行估算，具体的计算公式参考第 3 章的 3.2 节。

假设每个非中心交通小区有 3 个出行目的地，包含一个本城区中心小区（交通出行量占比 40%）、一个本城区小区（交通出行量占比 30%）和一个非本城区小区（交通出行量占比 30%），以交通小区 A 为例，其出行 OD 为 A—C、A—G 和 A—F。

假设每个中心交通小区也有 3 个出行目的地，包含两个本城区小区（交通出行量各占比 35%）和一个非本城区小区（交通出行量占比 30%），以老城中心交通小区 G 为例，其出行 OD 为 G—A、G—B 和 G—D。依此可得各交通小区的出行量分布表，如表 5-2 所示。

表 5-2 交通小区的出行分布量

序号	出行 OD	出行 OD 量/(辆/h)	序号	出行 OD	出行 OD 量/(辆/h)
1	A—C	3 351×0.3 = 1 005	13	E—D	2 249×0.3 = 675
2	A—G	3 351×0.4 = 1 341	14	E—H	2 249×0.4 = 899
3	A—F	3 351×0.3 = 1 005	15	E—B	2 249×0.3 = 675
4	B—A	3 049×0.3 = 915	16	F—E	3 447×0.3 = 1 034
5	B—G	3 049×0.4 = 1 219	17	F—H	3 447×0.4 = 1 379
6	B—E	3 049×0.3 = 915	18	F—C	3 447×0.3 = 1 034

续表

序号	出行 OD	出行 OD 量 /（辆/h）	序号	出行 OD	出行 OD 量 /（辆/h）
7	C—B	2 318×0.3 = 695	19	G—A	5 661×0.35 = 1 981
8	C—G	2 318×0.4 = 928	20	G—B	5 661×0.35 = 1 981
9	C—D	2 318×0.3 = 695	21	G—D	5 661×0.3 = 1 699
10	D—F	6 009×0.3 = 1 803	22	H—D	5 298×0.35 = 1 854
11	D—H	6 009×0.4 = 2 403	23	H—F	5 298×0.35 = 1 854
12	D—A	6 009×0.3 = 1 803	24	H—A	5 298×0.3 = 1 590

假设新城区道路的道路条件相对较好，自由流车速和路段通行能力都相对较高，则具体的路段属性如表 5-3 所示。

表 5-3 路段属性

路段代号	路段位置	双向车道数	距离/km	自由流车速/（km/h）	自由流出行时间/h	通行能力/（veh/h）
1	老城道路	4 车道	3.72	40	0.093 00	3 200
2	老城道路	4 车道	3.49	40	0.087 25	3 200
3	老城道路	4 车道	3.07	40	0.076 75	3 200
4	老城道路	4 车道	2.71	40	0.067 75	3 200
5	老城道路	4 车道	2.67	40	0.066 75	3 200
6	老城道路	4 车道	3.82	40	0.095 50	3 200
7	老城道路	4 车道	3.06	40	0.076 50	3 200
8	老城道路	4 车道	3.11	40	0.077 75	3 200
9	新城道路	6 车道	4.16	50	0.083 20	4 800
10	新城道路	6 车道	3.86	50	0.077 20	4 800
11	新城道路	6 车道	2.24	50	0.044 80	4 800
12	新城道路	6 车道	3.84	50	0.076 80	4 800
13	新城道路	6 车道	3.67	50	0.073 40	4 800
14	新城道路	6 车道	3.25	50	0.065 00	4 800
15	新城道路	6 车道	4.82	50	0.096 40	4 800
16	新城道路	6 车道	3.47	50	0.069 40	4 800
17	连接道路	8 车道	12.59	70	0.179 86	6 400

5.2.3 备选策略集

假设每对 OD 都有两条备选出行路径，通常为一条主要包含城区外围道路的出行路径和一条主要包含城区内部道路的出行路径，具体的各小区交通出行 OD 及备选路径集如表 5-4 所示。

表 5-4　各 OD 出行路径

OD	路径组成	选择人数代号
A—C	2	p1
	4-5	p2
A—G	4-7	p3
	1-6	p4
A—F	4-7-17-11-14	p5
	2-8-17-10-16	p6
B—A	1	p7
	3-4	p8
B—G	6	p9
	3-7	p10
B—E	6-17-10	p11
	3-7-17-11-13	p12
C—B	5-3	p13
	2-1	p14
C—G	8	p15
	5-7	p16
C—D	8-17-9	p17
	5-7-17-11-12	p18
D—F	15	p19
	12-14	p20
D—H	9	p21
	12-11	p22
D—A	9-17-8-2	p23
	12-11-17-7-4	p24
E—D	13-12	p25
	16-15	p26

续表

OD	路径组成	选择人数代号
E—H	10	$p27$
	13-11	$p28$
E—B	10-17-6	$p29$
	13-11-17-7-3	$p30$
F—E	16	$p31$
	14-13	$p32$
F—H	14-11	$p33$
	15-9	$p34$
F—C	14-11-17-7-5	$p35$
	16-10-17-8	$p36$
G—A	7-4	$p37$
	6-1	$p38$
G—B	6	$p39$
	7-3	$p40$
G—D	17-9	$p41$
	17-11-12	$p42$
H—D	9	$p43$
	11-12	$p44$
H—F	11-14	$p45$
	10-16	$p46$
H—A	17-7-4	$p47$
	17-6-1	$p48$

5.3 出行选择模型

5.3.1 基本模型

本节所建模型参考 4.3 节的出行选择混合博弈模型，为各拥挤收费水平下的出行路径选择博弈模型。博弈模型包含以下内容：① 博弈的参与者，博弈的参与者为各出行端点内的 n 个出行者。② 博弈的策略集，博弈包含首选出行路径、备选出行路径这 2 个策略。对于每个博弈参与者而言，其策略集为选择首选出行路径和选择备选出行路径。③ 博弈的效用函数，根据博弈理论对于博弈参与者而言，其效用应是所有出行者选择策略的函数。具体在本研究中，系统内交通出行者的选择主要受到出行时间成本、机动车使用成本和拥挤收费 3 部分的影响，函数形式如下：

$$u_i = -\gamma \cdot t_c(q_{bj}, q_c) - k(l_i) - f_{\text{cong}} \tag{5-1}$$

式中　u_i——出行者选择小汽车的效用函数；

　　　γ——时间价值；

　　　q_c——选择小汽车出行的人数；

　　　q_{bj}——背景交通量；

　　　$t_c(q_{bj}, q_c)$——小汽车通行时间，是小汽车出行人数 q_c 和背景交通量 q_{bj} 的函数；

　　　$k(l_i)$——机动车使用成本函数，受出行路径长度的影响；

　　　f_{cong}——拥挤收费费用，元。

其中，该模型中某路段的背景交通量等于该路段通行能力乘以系数 k_{bji}，系数 k_{bji} 为服从均值 $\mu_i = 0.14$，标准差 $\sigma_i = 0.05$ 正态分布的随机数，具体取值如表 5-5 所示。

表 5-5　背景交通量修正系数（正态分布随机数生成结果）

路段代号	1	2	3	4	5	6	7	8	9
k_{bji}	0.165 4	0.154 1	0.141 7	0.073 3	0.196 4	0.157 5	0.125 0	0.141 1	0.126 9
路段代号	10	11	12	13	14	15	16	17	
k_{bji}	0.052 5	0.125 7	0.098 4	0.091 0	0.082 2	0.113 3	0.039 9	0.188 2	

小汽车通行时间的计算参考 4.3 节所述的方法，采用改进的 BPR 函数——EMME2 锥形延迟函数，将参数 β_e 取值 1.5，则该模型中的交通阻抗函

数可以表示为：

$$t_c(q) = t_{c0} \cdot \left[\left(2.25 \cdot (1-q/c)^2 + 4 \right)^{\frac{1}{2}} - 1.5 \cdot (1-q/c) \right] \quad (5\text{-}2)$$

拥挤收费首先采取静态收费中的重点路段拥挤收费模式，在新老城区的中心路段上征收拥挤收费，即于老城区路段 3、4、5、7 和新城区路段 11、12、13、14 上征收拥挤收费。

而收费标准为两种模式，其一以固定费率，其二为关键路段拥堵程度修正费率。关键路段拥堵程度修正费率的具体计算是以关键路段 7 和关键路段 11 的道路服务水平均值为修正系数，再乘以某基础费率 k_{cong}，具体拥挤收费公式如式 5-3 所示。

$$f_{\text{cong}} = k_{\text{cong}} \cdot \frac{\left(\dfrac{q_7}{c_7} + \dfrac{q_{11}}{c_{11}} \right)}{2} \quad (5\text{-}3)$$

式中　k_{cong}——拥挤道路使用收费的基础费率，元；

　　　q_i——关键路段 i 的交通流量，辆/h；

　　　c_i——关键路段 i 的道路通行能力，辆/h。

综上所述，当交通出行者所选出行路径不包含拥挤收费路段时，出行者选择出行路径 i 的效用函数为：

$$u_i = -\gamma \cdot t_{c0i} \cdot \left[\left(2.25 \cdot (1-(q_{ci} + \frac{1}{\sqrt{2\pi} \cdot \sigma_i} \cdot \exp\left(-\frac{(x-\mu_i)^2}{2 \cdot (\sigma_i)^2}\right) \cdot c_i)/c)^2 + 4 \right)^{\frac{1}{2}} - \right. \\ \left. 1.5 \cdot (1-(q_{ci} + \frac{1}{\sqrt{2\pi} \cdot \sigma_i} \cdot \exp\left(-\frac{(x-\mu_i)^2}{2 \cdot (\sigma_i)^2}\right) \cdot c_i)/c) \right] - k_{sy} \cdot l_i \quad (5\text{-}4)$$

式中　k_{sy}——小汽车单位里程使用费用，元。

当交通出行者所选出行路径包含拥挤收费路段时，出行者选择出行路径 i 的效用函数为：

$$u'_i = -\gamma \cdot t_{c0i} \cdot \left[\left(2.25 \cdot (1 - (q_{ci} + \frac{1}{\sqrt{2\pi} \cdot \sigma_i} \cdot \exp\left(-\frac{(x-\mu_i)^2}{2 \cdot (\sigma_i)^2}\right) \cdot c_i)/c)^2 + 4 \right)^{\frac{1}{2}} - \right.$$

$$\left. 1.5 \cdot (1 - (q_{ci} + \frac{1}{\sqrt{2\pi} \cdot \sigma_i} \cdot \exp\left(-\frac{(x-\mu_i)^2}{2 \cdot (\sigma_i)^2}\right) \cdot c_i)/c) \right] - k_{sy} \cdot l_i - k_{\text{cong}} \cdot \frac{\left(\frac{q_7}{c_7} + \frac{q_{11}}{c_{11}}\right)}{2}$$

（5-5）

5.3.2 参数取值

在本节中，时间价值的取值参考 3.4 节中时间价值的取值，即时间价值为 19.91 元/h。私人小汽车使用成本 k 主要包括燃油费和汽车折旧费，参考 3.4 节中自驾车使用成本的取值，私人小汽车的使用成本 k_{sy} 为 1.632 4 元/km。针对所建道路网络情况以及居民收入水平，将固定费率下拥挤收费费率 f_{cong} 的取值范围定为 1~30 元。基本费率 k_{cong} 的取值范围定为 1~30 元。

5.3.3 目标函数

本节目标函数的确定参考 3.3 节的相关内容，同样认为所有出行者都有使得自身后悔程度最小的动机，即所有出行者都尽量使自身的选择接近不后悔状态。在计算中可以将任一策略集中所选路径效用差（即后悔程度）可接受时的状态视为稳定的均衡状态，并将后悔程度最小视为策略参与者的总体目标。

其中，以出行 OD 对 A—C 为例，其出行策略为选择路径 1（包含路段 2）或选择路径 2（包含路段 4-路段 5）这两条出行路径，其中路径 1 不包含拥挤收费征收路段，路径 2 包含拥挤收费征收路段（路段 4），则其后悔程度为：

$$R_{\text{AC}} = (\left|u_1 - \frac{u_1 + u_2}{2}\right| + \left|u_2 - \frac{u_1 + u_2}{2}\right|)/2 \qquad (5-6)$$

式中　R_{AC}——出行 OD 对 A—C 出行者的后悔程度；

　　　u_1——策略 $p1$ 的效益，即出行路径 2 的出行成本负值；

u_2——策略 $p2$ 的效益，即出行路径 4-5 的出行成本负值。

由此可得，该模型的总目标函数及约束条件如下：

$$\min R_{\text{sum}} = \min \sum R_i \tag{5-7}$$

$$\text{St}: \quad \forall p_i \geq 0 \tag{5-8}$$

$$\mathbf{aeq} \times \mathbf{p} = \mathbf{beq} \tag{5-9}$$

$$\forall R_i \leq k \tag{5-10}$$

式中　**aeq**、**beq**——等式约束的系数矩阵，使得某出行端点的各选择人数之和等于该出行端点的出行人数；

R_i——出行 OD 对 i 的后悔程度，元；

k——可接受后悔程度，其值等于平均出行成本的 20%，元。

计算时，首先运用遗传算法找到局部最优点，将其作为序列二次规划算法的初值进行计算，得到更优的解，再将此解作为 GA 初始种群中的一支进行计算。如此反复迭代直到目标函数值无法更优时停止。

5.4　固定费率模式下的数据分析

本节运用因素分析法，通过对比不同拥挤收费水平下的交通系统状态，试图发现中小城市交通系统中真正有效率的拥挤收费取值区间。

首先以拥挤收费固定费率（0~30 元）对交通系统中的主要路段进行收费。即在新老城区的中心路段上征收拥挤收费，于老城区路段 3、4、5、7 和新城区路段 11、12、13、14 上征收拥挤收费。以下分别是拥挤收费费率取值 1元、5 元、10 元、20 元、30 元时的计算过程及结果。

5.4.1　固定费率 1 元时算例

首先计算拥挤收费 $f_{\text{cong}} = 1$ 元时的交通运行状态，具体计算过程如下。拥挤收费等于 1 元时，第一次 GA 计算过程如图 5-2 所示。

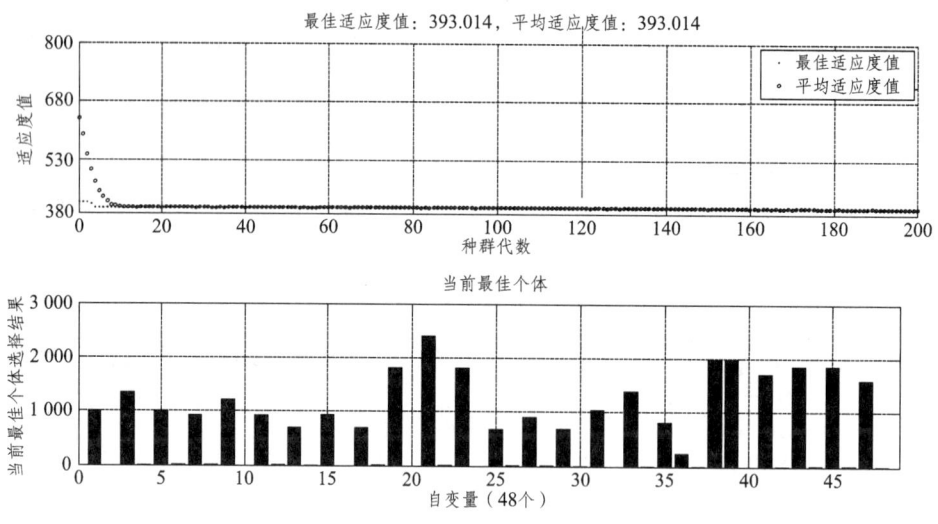

图 5-2 拥挤收费费率等于 1 元时，第一次 GA 计算过程

此时最佳适应度值和平均适应度值都为 393.01，GA 算法达到最大种群代数（200 代）而终止。然后将 $f_{cong}=1$ 元时的第一次 GA 算法计算结果作为 SQP 算法的初值进行计算，本次 SQP 算法的计算结果如表 5-6 所示。

表 5-6 拥挤收费费率等于 1 元时，第一次迭代 SQP 算法计算结果

选择代号	计算结果	选择代号	计算结果	选择代号	计算结果
$p1$	325	$p17$	695	$p33$	1 379
$p2$	680	$p18$	0	$p34$	0
$p3$	1 236	$p19$	1 732	$p35$	0
$p4$	105	$p20$	71	$p36$	1 034
$p5$	199	$p21$	2 403	$p37$	902
$p6$	806	$p22$	0	$p38$	1 079
$p7$	0	$p23$	1 776	$p39$	1 981
$p8$	915	$p24$	27	$p40$	0
$p9$	1 219	$p25$	204	$p41$	1 699
$p10$	0	$p26$	471	$p42$	0
$p11$	915	$p27$	899	$p43$	1 854
$p12$	0	$p28$	0	$p44$	0
$p13$	27	$p29$	675	$p45$	1 302
$p14$	668	$p30$	0	$p46$	552
$p15$	928	$p31$	1 034	$p47$	1 485
$p16$	0	$p32$	0	$p48$	105

第 5 章 中小城市拥挤收费使用效率研究

此时，最佳目标值（即对应 GA 算法的最佳适应度值）为 308.83。与第一次 GA 计算的适应度值（393.01）相比下降了 84.18（降幅达 21.42%），SQP 算法对计算结果的修正效果显著。然后再把本次 SQP 算法的计算结果作为下一次 GA 算法计算的初值进行计算，反复迭代后，最后一次 GA 计算过程如图 5-3 所示。

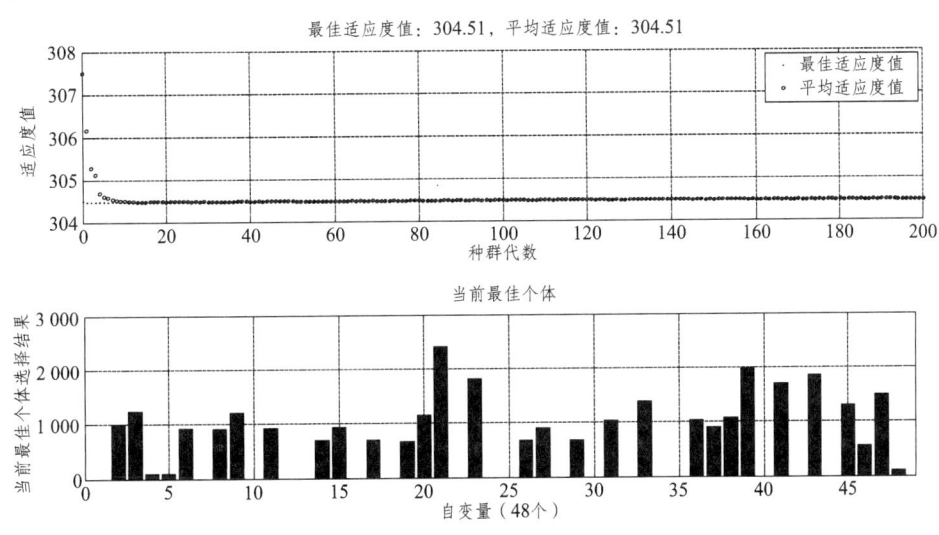

图 5-3 拥挤收费费率等于 1 元时，最后一次 GA 计算过程

此时，GA 算法达到最大种群代数（200 代）而终止，最佳适应度值和平均适应度值都为 304.51。由此可得，拥挤收费费率 f_{cong} = 1 元时各交通小区出行者的选择结果如表 5-7 所示。

表 5-7 拥挤收费费率等于 1 元时，最终计算结果

选择代号	计算结果	选择代号	计算结果	选择代号	计算结果
p1	0	p17	695	p33	1 379
p2	1 005	p18	0	p34	0
p3	1 237	p19	658	p35	0
p4	105	p20	1 146	p36	1 034
p5	91	p21	2 403	p37	901
p6	914	p22	0	p38	1 080
p7	0	p23	1 803	p39	1 981

续表

选择代号	计算结果	选择代号	计算结果	选择代号	计算结果
p8	915	p24	0	p40	0
p9	1 219	p25	0	p41	1 699
p10	0	p26	675	p42	0
p11	915	p27	899	p43	1 854
p12	0	p28	0	p44	0
p13	0	p29	675	p45	1 294
p14	695	p30	0	p46	560
p15	928	p31	1 034	p47	1 484
p16	0	p32	0	p48	1 057

代入 5.3.3 节目标函数，可得各出行 OD 后悔程度如表 5-8 所示。

表 5-8 拥挤收费费率为 1 元时，各出行 OD 后悔程度

序号	出行 OD	后悔程度（元）	序号	出行 OD	后悔程度（元）
1	A—C	3.3566	13	E—D	0.9501
2	A—G	2.1397	14	E—H	2.0110
3	A—F	3.2169	15	E—B	2.8521
4	B—A	4.0447	16	F—E	3.9859
5	B—G	1.3410	17	F—H	4.7637
6	B—E	2.8521	18	F—C	0.1406
7	C—B	2.3908	19	G—A	2.1397
8	C—G	2.6793	20	G—B	1.3410
9	C—D	2.8143	21	G—D	0.6350
10	D—F	3.2645	22	H—D	0.6350
11	D—H	0.6350	23	H—F	2.0387
12	D—A	0.5432	24	H—A	2.1397

通过计算，此时平均出行成本为 29.623 9 元，则可接受后悔程度 k 等于平均出行成本的 20%，即可接受后悔程度 k 等于 5.924 8 元。由表 5-8 可知，各出行 OD 后悔程度均小于可接受后悔程度 k，故认为此时交通系统达到稳定的均衡状态。

5.4.2 固定费率 5 元时算例

计算拥挤收费 $f_{cong} = 5$ 元时的交通运行状态,具体计算过程如下。拥挤收费等于 5 元时,第一次 GA 计算过程如图 5-4 所示。

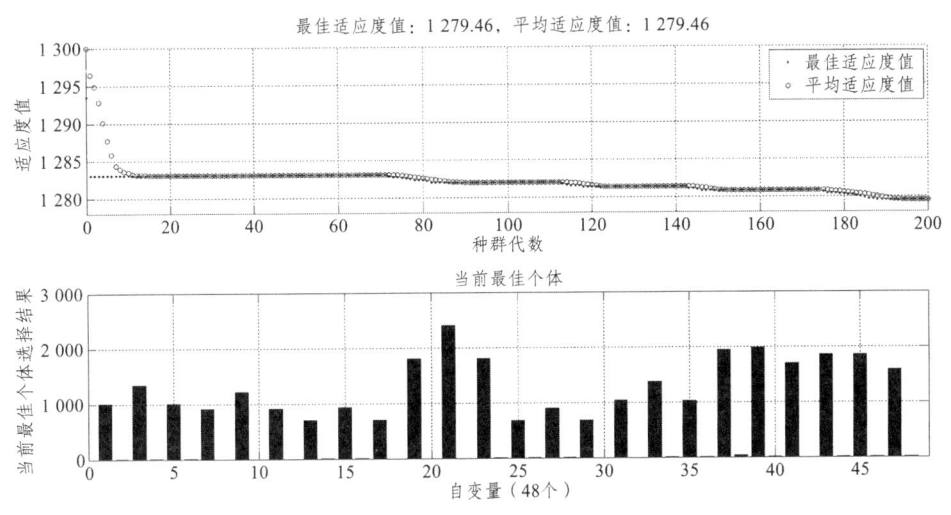

图 5-4 拥挤收费费率等于 5 元时,第一次 GA 计算过程

此时最佳适应度值和平均适应度值都为 1 279.46,GA 算法达到最大种群代数(200 代)而终止。然后将 $f_{cong} = 5$ 元时的第一次 GA 算法计算结果作为 SQP 算法的初值进行计算,本次 SQP 算法的计算结果如表 5-9 所示。

表 5-9 拥挤收费费率等于 5 元时,第一次迭代 SQP 算法计算结果

选择代号	计算结果	选择代号	计算结果	选择代号	计算结果
$p1$	260	$p17$	695	$p33$	0
$p2$	746	$p18$	0	$p34$	1379
$p3$	533	$p19$	1 803	$p35$	0
$P4$	808	$p20$	0	$p36$	1 034
$p5$	0	$p21$	2 403	$p37$	1172
$p6$	1 005	$p22$	0	$p38$	809
$p7$	0	$p23$	1 803	$p39$	1 981
$p8$	915	$p24$	0	$p40$	0
$p9$	1 219	$p25$		$p41$	1 699

续表

选择代号	计算结果	选择代号	计算结果	选择代号	计算结果
$p10$	0	$p26$	675	$p42$	0
$p11$	915	$p27$	899	$p43$	1 854
$p12$	0	$p28$	0	$p44$	0
$p13$	0	$p29$	675	$p45$	0
$p14$	695	$p30$	0	$p46$	1 854
$p15$	928	$p31$	1 034	$p47$	781
$p16$	0	$p32$	0	$p48$	809

此时，最佳目标值（即对应遗传算法的最佳适应度值）为 444.46。与第一次 GA 计算的适应度值（1 279.46）相比下降了 835（降幅达 65.26%），SQP 算法对计算结果的修正效果显著。然后再把本次 SQP 算法的计算结果作为下一次 GA 算法计算的初值进行计算，反复迭代后，最后一次 GA 计算过程如图 5-5 所示。

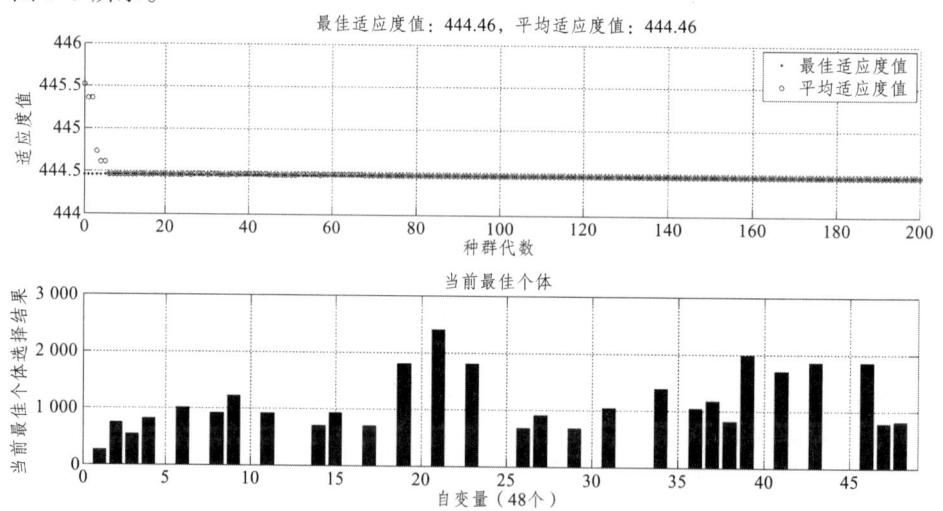

图 5-5 拥挤收费费率等于 5 元时，最后一次 GA 计算过程

此时，GA 算法达到最大种群代数（200 代）而终止，最佳适应度值和平均适应度值都为 444.46。由此可得，拥挤收费费率 f_{cong} = 5 元时各交通小区出行者的最终选择结果如表 5-10 所示。

表 5-10　拥挤收费费率等于 5 元时，最终计算结果

选择代号	计算结果	选择代号	计算结果	选择代号	计算结果
$p1$	264	$p17$	695	$p33$	0
$p2$	741	$p18$	0	$p34$	1 379
$p3$	535	$p19$	1 803	$p35$	0
$p4$	807	$p20$	0	$p36$	1 034
$p5$	0	$p21$	2 403	$p37$	1 173
$p6$	1 005	$p22$	0	$p38$	808
$p7$	0	$p23$	1 803	$p39$	1 981
$p8$	915	$p24$	0	$p40$	0
$p9$	1 219	$p25$	0	$p41$	1 699
$p10$	0	$p26$	675	$p42$	0
$p11$	915	$p27$	899	$p43$	1 854
$p12$	0	$p28$	0	$p44$	0
$p13$	0	$p29$	675	$p45$	0
$p14$	695	$p30$	0	$p46$	1 854
$p15$	928	$p31$	1 034	$p47$	783
$p16$	0	$p32$	0	$p48$	807

代入 5.3.3 节目标函数，可得各出行 OD 后悔程度如表 5-11 所示。

表 5-11　拥挤收费费率为 5 元时，各出行 OD 后悔程度

序号	出行 OD	后悔程度（元）	序号	出行 OD	后悔程度（元）
1	A—C	4.4695	13	E—D	0.0315
2	A—G	2.5922	14	E—H	3.3880
3	A—F	4.0227	15	E—B	2.9156
4	B—A	4.9056	16	F—E	5.1558
5	B—G	2.0276	17	F—H	4.6585
6	B—E	2.9156	18	F—C	0.1181
7	C—B	1.0941	19	G—A	2.5922
8	C—G	4.1101	20	G—B	2.0276
9	C—D	3.3022	21	G—D	1.6921
10	D—F	4.0416	22	H—D	1.6921
11	D—H	1.6921	23	H—F	1.4920
12	D—A	0.8386	24	H—A	2.5922

通过计算，此时平均出行成本为 31.665 2 元，则可接受后悔程度 k 等于平均出行成本的 20%，即可接受后悔程度 k 等于 6.333 0 元。

由表 5-11 可知，各出行 OD 后悔程度均小于可接受后悔程度 k，故认为此时交通系统达到稳定的均衡状态。

与拥挤收费等于 1 元时相比，平均出行成本从 29.623 9 元增加到了 31.665 2 元，增加了 2.041 3 元，增幅为 6.89%；后悔程度均值从 2.204 6 元增加到了 2.682 0 元，增加了 0.477 4 元（增幅为 21.65%）；后悔程度标准差从 1.218 1 增加到了 1.437 6，增幅为 18.02%；外围路段（1、2、6、8、9、10、15、16）的平均服务水平（V/C）从 1.271 9 略微增加到了 1.551 5，增幅为 21.98%；中心路段（3、4、5、7、11、12、13、14）平均服务水平（V/C）从 0.760 4 显著下降到了 0.440 6，降幅为 42.06%。

可以看出，当拥挤收费从 1 元提高到了 5 元后，交通出行成本略有上升，后悔程度不论是均值还是离散程度都有一定提高，说明该交通场景的出行者在心理感知方面，对于拥挤收费提高后的反应较为强烈，然而其对中心路段的交通改善效果非常显著，因此可以认为拥挤收费从 1 元提高到 5 元是有效率的。

5.4.3 固定费率 10、20、30 元时算例

计算拥挤收费 f_{cong} = 10 元时的交通运行状态，具体计算过程如下。拥挤收费等于 10 元时，第一次 GA 计算过程如图 5-6 所示。

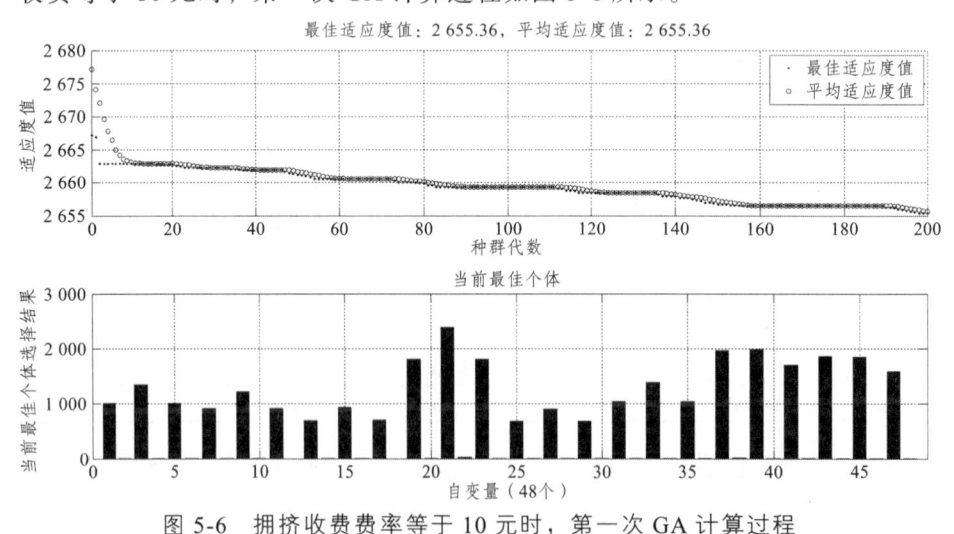

图 5-6 拥挤收费费率等于 10 元时，第一次 GA 计算过程

此时平均适应度值为 2 655.68，最佳适应度值为 2 655.36，GA 算法达到最大种群代数（200 代）而终止。然后将 f_{cong} = 10 元时的第一次 GA 算法计算结果作为 SQP 算法的初值进行计算，本次 SQP 算法的计算结果如表 5-12 所示。

表 5-12 拥挤收费费率等于 10 元时，第一次迭代 SQP 算法计算结果

选择代号	计算结果	选择代号	计算结果	选择代号	计算结果
p1	1 005	p17	695	p33	0
p2	0	p18	0	p34	1 379
p3	535	p19	1 803	p35	0
p4	806	p20	0	p36	1 034
p5	0	p21	2 403	p37	256
p6	1 005	p22	0	p38	1725
p7	26	p23	1 803	p39	1 981
p8	889	p24	0	p40	0
p9	1 219	p25	0	p41	1 699
p10	0	p26	675	p42	0
p11	915	p27	899	p43	1 854
p12	0	p28	0	p44	0
p13	0	p29	675	p45	0
p14	695	p30	0	p46	1 854
p15	928	p31	1 034	p47	0
p16	0	p32	0	p48	1 590

此时，最佳目标值（即对应 GA 算法的最佳适应度值）为 846.67。与第一次 GA 计算的适应度值（2 655.36）相比下降了 1 808.69（降幅达 68.11%），SQP 算法对计算结果的修正效果显著。然后再把本次 SQP 算法的计算结果作为下一次 GA 算法计算的初值进行计算，反复迭代后，最后一次 GA 计算过程如图 5-7 所示。

我国中小城市拥挤收费实施可行性研究

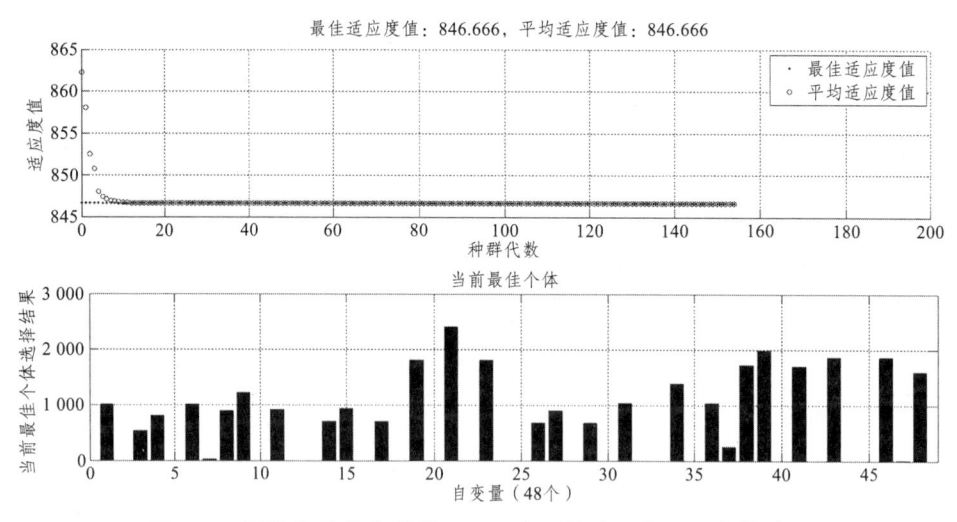

图 5-7 拥挤收费费率等于 10 元时，最后一次 GA 计算过程

此时，GA 算法达到收敛条件而终止，最佳适应度值和平均适应度值都为 846.67。由此可得，拥挤收费费率 f_{cong} = 10 元时各交通小区出行者的最终选择结果如表 5-13 所示。

表 5-13 拥挤收费费率等于 10 元时，最终计算结果

选择代号	计算结果	选择代号	计算结果	选择代号	计算结果
p1	1 005	p17	695	p33	0
p2	0	p18	0	p34	1 379
p3	535	p19	1 803	p35	0
p4	806	p20	0	p36	1 034
p5	0	p21	2 403	p37	256
p6	1 005	p22	0	p38	1 725
p7	26	p23	1 803	p39	1 981
p8	889	p24	0	p40	0
p9	1 219	p25	0	p41	1 699
p10	0	p26	675	p42	0
p11	915	p27	899	p43	1 854
p12	0	p28	0	p44	0
p13	0	p29	675	p45	0
p14	695	p30	0	p46	1 854
p15	928	p31	1 034	p47	0
p16	0	p32	0	p48	1 590

代入5.3.3目标函数，可得各出行OD后悔程度如表5-14所示。

表5-14 拥挤收费费率为10元时，各出行OD后悔程度

序号	出行OD	后悔程度/元	序号	出行OD	后悔程度/元
1	A—C	5.677 0	13	E—D	2.531 5
2	A—G	3.623 7	14	E—H	5.888 0
3	A—F	3.140 0	15	E—B	3.612 6
4	B—A	5.665 8	16	F—E	6.655 8
5	B—G	2.724 6	17	F—H	2.158 5
6	B—E	3.612 6	18	F—C	2.043 0
7	C—B	0.086 1	19	G—A	3.623 7
8	C—G	6.034 9	20	G—B	2.724 6
9	C—D	5.227 0	21	G—D	4.192 1
10	D—F	6.541 6	22	H—D	4.192 1
11	D—H	4.192 1	23	H—F	1.008 0
12	D—A	0.044 0	24	H—A	3.623 7

通过计算，此时平均出行成本为34.348 1元，则可接受后悔程度k等于平均出行成本的20%，即可接受后悔程度k等于6.869 6元。由表5-14可知，各出行OD后悔程度均小于可接受后悔程度k，故认为此时交通系统达到稳定的均衡状态。

与拥挤收费等于5元时相比，平均出行成本从31.665 2元增加到了34.348 1元，增加了2.682 9元，增幅为8.47%；后悔程度均值从2.682 0元增加到了3.700 9元，显著增加了1.018 9元（增幅为37.99%）；后悔程度标准差从1.437 6显著增加到了1.829 1，增幅为27.23%；外围路段（1、2、6、8、9、10、15、16）平均服务水平（V/C）从1.551 5略微增加到了1.714 2，增幅为10.49%；中心路段（3、4、5、7、11、12、13、14）平均服务水平（V/C）从0.440 6显著下降到了0.248 0，降幅为43.71%。

可以看出，当拥挤收费从5元提高到了10元后，交通出行成本略有上升，

后悔程度不论是均值还是离散程度都显著提高,说明该交通场景的出行者对于拥挤收费提高后的反应较为剧烈,然而其对中心路段的交通改善效果非常显著。因此,从总体来看,可以认为拥挤收费从 5 元提高到 10 元是有效率的。

同理可得,拥挤收费费率 f_{cong} = 20 元时的交通系统运行状态,其中,f_{cong} = 20 元时出行者的最终选择结果如表 5-15 所示。

表 5-15 拥挤收费费率等于 20 元时,最终计算结果

选择代号	计算结果	选择代号	计算结果	选择代号	计算结果
p1	1 005	p17	695	p33	0
p2	0	p18	0	p34	1 379
p3	0	p19	1 803	p35	0
p4	1 341	p20	0	p36	1 034
p5	0	p21	2 403	p37	0
p6	1 005	p22	0	p38	1 981
p7	915	p23	1 803	p39	1 981
p8	0	p24	0	p40	0
p9	1 219	p25	0	p41	1 699
p10	0	p26	675	p42	0
p11	915	p27	899	p43	1 854
p12	0	p28	0	p44	0
p13	0	p29	675	p45	0
p14	695	p30	0	p46	1 854
p15	928	p31	1 034	p47	0
p16	0	p32	0	p48	1 590

最后一次 GA 运算因满足收敛条件而终止,从最终计算结果可以看出,由于在新老城区中心路段收取了高额的拥挤费用(20 元),此时各出行 OD 的路径选择(所有 OD 的备选出行路径策略集都为两条出行路径,其中一条主要通过新老城区外围道路到达目的地,另一条主要经过新老城区中心道路)

都为100%的选择仅包含城市外围道路的出行路径。

从博弈论的角度来看,此时所有出行选择博弈(即所有出行 OD)都出现了严格劣势策略,即无论博弈参与者(各 OD 出行者)如何变化策略选择结果(出行路径选择概率),劣势策略(包含新老城区中心道路的路径)永远不改变。

代入5.3.3节目标函数,可得各出行OD后悔程度如表5-16所示。

表 5-16 拥挤收费费率为20元时,各出行OD后悔程度

序号	出行 OD	后悔程度/元	序号	出行 OD	后悔程度/元
1	A—C	10.379 6	13	E—D	7.531 5
2	A—G	0.860 7	14	E—H	10.888 0
3	A—F	1.418 4	15	E—B	7.651 6
4	B—A	9.054 5	16	F—E	12.655 8
5	B—G	6.763 6	17	F—H	2.841 5
6	B—E	7.651 6	18	F—C	6.898 7
7	C—B	3.599 9	19	G—A	0.860 7
8	C—G	10.890 7	20	G—B	6.763 6
9	C—D	10.082 8	21	G—D	9.192 1
10	D—F	11.541 6	22	H—D	9.192 1
11	D—H	9.192 1	23	H—F	6.008 0
12	D—A	4.602 5	24	H—A	0.860 7

通过计算,此时平均出行成本为39.575 5元,则可接受后悔程度 k 等于平均出行成本的20%,即可接受后悔程度 k 等于7.915 1元。由表5-16可知,24个出行OD中有10个出行OD不满足可接受后悔:A—C(10.379 6元)、B—A(9.054 5元)、C—G(10.890 7元)、C—D(10.082 8元)、D—F(11.541 6元)、D—H(9.192 1元)、E—H(10.888 0元)、F—E(12.655 8元)、G—D(9.192 1元)、H—D(9.192 1元)。然而如前所述,此时所有出行选择博弈(所有出行OD)都出现了严格劣势策略,即使这10个出行OD的交通参与者会后悔自己的选择,他们也不会改变自己的选择结果,因为就算他们做出改变(选择另一条出行路径),也依然无法减少自己的后悔程度,甚至会显著增加

出行成本，从而更加后悔。

因此，虽然最终选择结果不完全满足可接受后悔程度，然而由于严格劣势策略的出现，仍然可以认为所有参与者不会主动改变自己的选择结果，系统达到了最终的稳定状态。

与拥挤收费等于 10 元时相比，平均出行成本从 34.348 1 元增加到了 39.575 5 元，增幅为 15.22%；后悔程度均值从 3.700 9 元增加到了 6.976 3 元，显著增加了 3.275 4 元（增幅为 88.50%）；后悔程度标准差从 1.829 1 显著增加到了 3.556 0，增幅为 94.41%；外围路段（1、2、6、8、9、10、15、16）平均服务水平（V/C）从 1.714 2 略微增加到了 1.810 8，增幅为 5.64%；中心路段（3、4、5、7、11、12、13、14）平均服务水平（V/C）从 0.248 0 显著下降到了 0.116 7，降幅为 52.94%。

可以看出，随着拥挤收费从 10 元提高到了 20 元，交通出行成本略有上升，由于拥挤收费为 20 元时出现了严格劣势策略，出行者的后悔程度激增，导致出行者后悔程度及其离散程度显著提高，然而其对中心路段的交通改善效果非常显著。因此，从成本-收益对比分析的角度来看，可以认为拥挤收费从 10 元提高到 20 元是有一定效率的。

同理可得，拥挤收费费率 f_{cong} = 30 元时出行者的最终选择结果如表 5-17 所示。

表 5-17 拥挤收费费率等于 30 元时，最终计算结果

选择代号	计算结果	选择代号	计算结果	选择代号	计算结果
$p1$	1 005	$p17$	695	$p33$	0
$p2$	0	$p18$	0	$p34$	1 379
$p3$	0	$p19$	1 803	$p35$	0
$p4$	1 341	$p20$	0	$p36$	1 034
$p5$	0	$p21$	2 403	$p37$	0
$p6$	1 005	$p22$	0	$p38$	1 981
$p7$	915	$p23$	1 803	$p39$	1 981
$p8$	0	$p24$	0	$p40$	0
$p9$	1 219	$p25$	0	$p41$	1 699

续表

选择代号	计算结果	选择代号	计算结果	选择代号	计算结果
p10	0	p26	675	p42	0
p11	915	p27	899	p43	1 854
p12	0	p28	0	p44	0
p13	0	p29	675	p45	0
p14	695	p30	0	p46	1 854
p15	928	p31	1 034	p47	0
p16	0	p32	0	p48	1 590

与拥挤收费等于 20 元时类似，此时最后一次 GA 运算在第 52 代种群处因满足收敛条件而终止，从最终计算结果可以看出，由于在新老城区中心路段收取了高额的拥挤费用（30 元），此时各出行 OD 的路径选择都为 100%的选择仅包含城市外围道路的出行路径。此时所有出行选择博弈（即所有出行 OD）都出现了严格劣势策略，即无论博弈参与者（各 OD 出行者）如何变化策略选择结果（出行路径选择概率），劣势策略（包含新老城区中心道路的路径）永远不改变。

代入 5.3.3 节目标函数，可得各出行 OD 后悔程度如表 5-18 所示。

表 5-18 拥挤收费费率为 30 元时，各出行 OD 后悔程度

序号	出行 OD	后悔程度/元	序号	出行 OD	后悔程度/元
1	A—C	15.379 6	13	E—D	12.531 5
2	A—G	4.139 3	14	E—H	15.888 0
3	A—F	6.418 4	15	E—B	12.651 6
4	B—A	14.054 5	16	F—E	17.655 8
5	B—G	11.763 6	17	F—H	7.841 5
6	B—E	12.651 6	18	F—C	11.898 7
7	C—B	8.599 9	19	G—A	4.139 3
8	C—G	15.890 7	20	G—B	11.763 6
9	C—D	15.082 8	21	G—D	14.192 1
10	D—F	16.541 6	22	H—D	14.192 1
11	D—H	14.192 1	23	H—F	11.008 0
12	D—A	9.602 5	24	H—A	4.139 3

通过计算，此时平均出行成本为44.575 5元，则可接受后悔程度 k 等于平均出行成本的20%，即可接受后悔程度 k 等于8.915 1元。由表5-18可知，24个出行OD中有18个出行OD不满足可接受后悔：A—C（15.379 6元）、B—A（14.054 5元）、B—G（11.763 6元）、B—E（12.651 6元）、C—G（15.890 7元）、C—D（15.082 8元）、D—F（16.541 6元）、D—H（14.192 1元）、D—A（9.602 5元）、E—D（12.531 5元）、E—H（15.888 0元）、E—B（12.651 6元）、F—E（17.655 8元）、F—C（11.898 7元）、G—B（11.763 6元）、G—D（14.192 1元）、H—D（14.192 1元）、H—F（11.008 0元）。然而如前所述，此时所有出行选择博弈（所有出行OD）都出现了严格劣势策略，即使这18个出行OD的交通参与者会后悔自己的选择，他们也不会改变自己的选择结果，因为就算他们做出改变（选择另一条出行路径），也依然无法减少自己的后悔程度，甚至会显著增加出行成本，从而更加后悔。因此，虽然最终选择结果不完全满足可接受后悔程度，然而由于严格劣势策略的出现，仍然可以认为所有参与者不会主动改变自己的选择结果，系统达到了最终的稳定状态。

与拥挤收费等于20元时相比，平均出行成本增加了5元（12.63%）；后悔程度均值从6.974 3元增加到了11.759 1元，增加了4.784 8（68.61%）；后悔程度标准差从3.556 0增加到了3.949 7，增加了0.393 7（11.07%）；外围路段（1、2、6、8、9、10、15、16）服务水平（V/C）没有任何变化，都为1.810 8；中心路段（3、4、5、7、11、12、13、14）服务水平（V/C）同样没有任何变化，都为0.116 7。

可以看出，随着拥挤收费从20元提高到了30元，只有出行者的出行成本和后悔程度都显著提高了，然而交通拥堵情况没有任何改变。这是因为在这两个收费水平下，出行路径选择混合博弈都出现了严格劣势策略。对比"表5-17 拥挤收费费率等于30元时，最终计算结果"和"表5-15 拥挤收费费率等于20元时，最终计算结果"可以看出，出行选择结果没有发生任何变化，所有出行者都100%的不会选择严格劣势策略。也就是说，拥挤收费从20元提高到30元这一变化过程除了增加了交通出行成本和出行者的后悔程度，其对于交通拥堵的改善效果为零，此时提高拥挤收费水平无疑是没有效率的。

5.4.4　固定费率主要结论

通过对比 5.4.1 节到 5.4.3 节不同拥挤收费水平下的数据分析可以看出，从交通出行者的出行成本角度来看，拥挤收费的增加极易带来出行成本的提高。从出行收益情况来看，当各出行 OD 出行者的后悔程度小于对应的可接受后悔程度时，拥挤收费的变化可以对交通出行者出行选择行为产生一定影响，从而改善中心路段的拥堵程度。当各出行 OD 后悔程度超过对应的可接受后悔程度时，拥挤收费的变化对交通出行者出行选择行为产生不了任何影响。

当拥挤收费以固定费率征收时，最初随着收费水平的提高，其对收费路段的改善效果不断提升。然而当收费水平高到一定程度后，交通系统出行路径选择博弈将出现严格劣势策略，此时再升高拥挤收费将不能改变交通出行者的出行选择行为，这意味着新增的拥挤收费对交通系统的改善效果几乎为零。

综上所述，随着拥挤收费的提高，交通选择博弈必然出现严格劣势策略，而在严格劣势策略出现之前，在该中小城市交通场景中拥挤收费的实施是有效率的。在严格劣势策略出现后，继续增加拥挤收费只会增加出行者的出行成本，是无效率的。

5.5　关键路段修正下的数据分析

为了实现拥挤收费对道路拥堵程度的实时反应，这里将 5.4 节固定费率模式改进为关键路段拥堵程度修正下的拥挤收费模式，其中关键路段拥堵程度是以关键路段 7（老城区中心小区 G 的连接路段）和关键路段 11（新城区中心小区 H 的连接路段）的道路服务水平均值为修正系数，拥挤收费的计算再以此修正系数乘以某基础费率 k_{cong}。与固定费率相比，关键路段拥堵程度修正下的拥挤收费费率会受到交通拥堵程度的影响，当拥堵水平过高时，实际拥挤收费会比基础费率高，当拥堵水平可接受时，实际拥挤收费会比基础费率低。

以下参考 5.4 节固定费率模式下的分析模式，通过对比基础费率 k_{cong} 等于 1 元、5 元、10 元、20 元、30 元时的交通运行状态来分析修正模式下的拥挤收费使用效率问题。

5.5.1 修正模式基础费率 1 元时算例

首先计算拥挤收费基础费率 $k_{cong}=1$ 元时的交通运行状态，具体计算过程如下。基础费率等于 1 元时，第一次 GA 计算过程如图 5-8 所示。

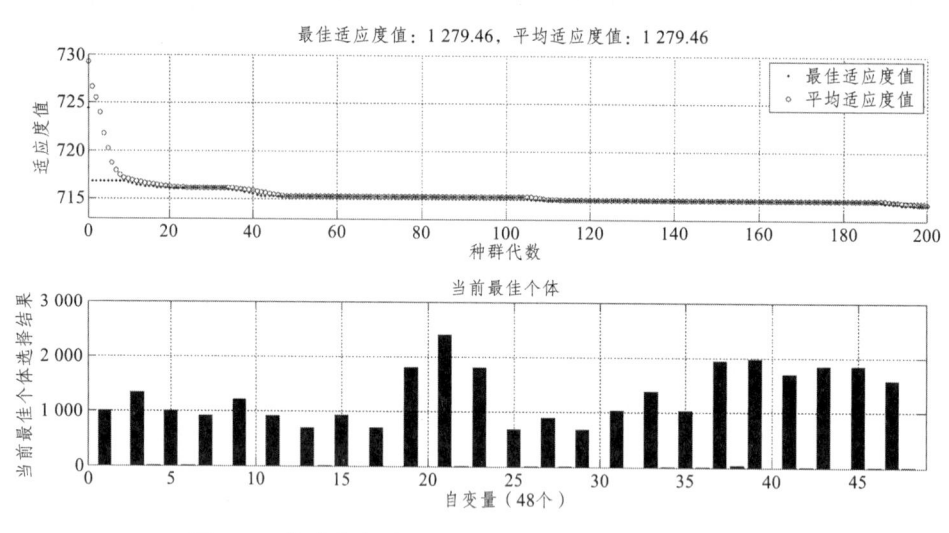

图 5-8 基础费率等于 1 元时，第一次 GA 计算过程

此时最佳适应度值为 714.603，平均适应度值都为 714.632，GA 算法达到最大种群代数（200 代）而终止。然后将 $k_{cong}=1$ 元时的第一次遗传算法计算结果作为 SQP 算法的初值进行计算，本次 SQP 算法的计算结果如表 5-19 所示。

表 5-19 基础费率等于 1 元时，第一次迭代 SQP 算法计算结果

选择代号	计算结果	选择代号	计算结果	选择代号	计算结果
$p1$	0	$p17$	695	$p33$	1 379
$p2$	1 005	$p18$	0	$p34$	0
$p3$	908	$p19$	1 364	$p35$	0
$p4$	434	$p20$	439	$p36$	1 034
$p5$	131	$p21$	2 403	$p37$	1 514
$p6$	875	$p22$	0	$p38$	467

续表

选择代号	计算结果	选择代号	计算结果	选择代号	计算结果
$p7$	0	$p23$	1 803	$p39$	1 981
$p8$	915	$p24$	0	$p40$	0
$p9$	1 219	$p25$	0	$p41$	1 699
$p10$	0	$p26$	675	$p42$	0
$p11$	915	$p27$	899	$p43$	1 854
$p12$	0	$p28$	0	$p44$	0
$p13$	0	$p29$	675	$p45$	1 228
$p14$	695	$p30$	0	$p46$	626
$p15$	928	$p31$	999	$p47$	1 157
$p16$	0	$p32$	35	$p48$	433

此时，最佳目标值（即对应 GA 算法的最佳适应度值）为 305.34。与第一次 GA 计算的适应度值（714.60）相比下降了 409.26（降幅达 57.27%），SQP 算法对计算结果的修正效果显著。然后再把本次 SQP 算法的计算结果作为下一次 GA 算法计算的初值进行计算，反复迭代后，最后一次 GA 计算过程如图 5-9 所示。

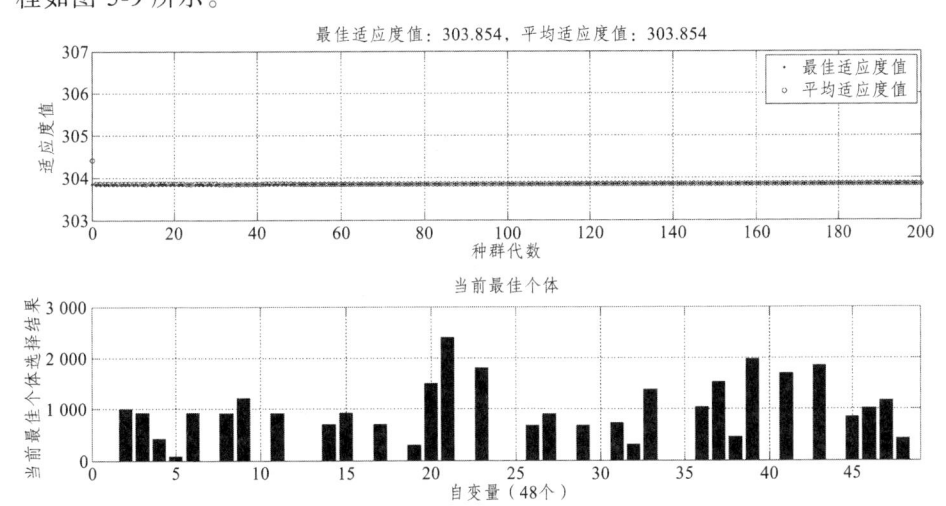

图 5-9　基础费率等于 1 元时，最后一次 GA 计算过程

此时，GA 算法达到最大种群代数（200 代）而终止，最佳适应度值和平均适应度值都为 303.854。由此可得，拥挤收费基础费率 $k_{\text{cong}}=1$ 元时各交通

小区出行者的选择结果如表 5-20 所示。

表 5-20 拥挤收费基础费率等于 1 元时,最终计算结果

选择代号	计算结果	选择代号	计算结果	选择代号	计算结果
$p1$	0	$p17$	695	$p33$	1 379
$p2$	1 005	$p18$	0	$p34$	0
$p3$	924	$p19$	293	$p35$	0
$p4$	417	$p20$	1 511	$p36$	1 034
$p5$	87	$p21$	2 403	$p37$	1 530
$p6$	918	$p22$	0	$p38$	451
$p7$	0	$p23$	1 803	$p39$	1 981
$p8$	915	$p24$	0	$p40$	0
$p9$	1 219	$p25$	0	$p41$	1 699
$p10$	0	$p26$	675	$p42$	0
$p11$	915	$p27$	899	$p43$	1 854
$p12$	0	$p28$	0	$p44$	0
$p13$	0	$p29$	675	$p45$	844
$p14$	695	$p30$	0	$p46$	1 010
$p15$	928	$p31$	721	$p47$	1 173
$p16$	0	$p32$	313	$p48$	417

代入 5.3.3 节目标函数,可得各出行 OD 后悔程度如表 5-21 所示。

表 5-21 拥挤收费基础费率为 1 元时,各出行 OD 后悔程度

序号	出行 OD	后悔程度/元	序号	出行 OD	后悔程/元
1	A—C	3.328 7	13	E—D	0.861 7
2	A—G	2.159 3	14	E—H	1.848 7
3	A—F	3.400 1	15	E—B	2.694 3
4	B—A	4.020 5	16	F—E	4.005 1
5	B—G	1.318 7	17	F—H	4.733 6
6	B—E	2.694 3	18	F—C	0.041 6
7	C—B	2.417 4	19	G—A	2.159 3
8	C—G	2.651 1	20	G—B	1.318 7
9	C—D	2.788 9	21	G—D	0.611 0
10	D—F	3.392 1	22	H—D	0.611 0
11	D—H	0.611 0	23	H—F	2.219 5
12	D—A	0.569 6	24	H—A	2.159 3

通过计算，由于关键路段 7 和 11 的服务水平分别为 1.2857 和 0.6069，此时实际征收了 0.9463 元，仅为基础费率 1 元的 94.63%。此外，此时平均出行成本为 29.6336 元，则可接受后悔程度 k 等于平均出行成本的 20%，即可接受后悔程度 k 等于 5.9267 元。由表 5-21 可知，各出行 OD 后悔程度均小于可接受后悔程度 k，故认为此时交通系统达到稳定的均衡状态。

5.5.2 修正模式基础费率 5 元时算例

同理可得，拥挤收费基础费率 k_{cong} = 5 元时的交通系统运行状态，其中，k_{cong} = 5 元时最后一次 GA 计算过程如图 5-10 所示。

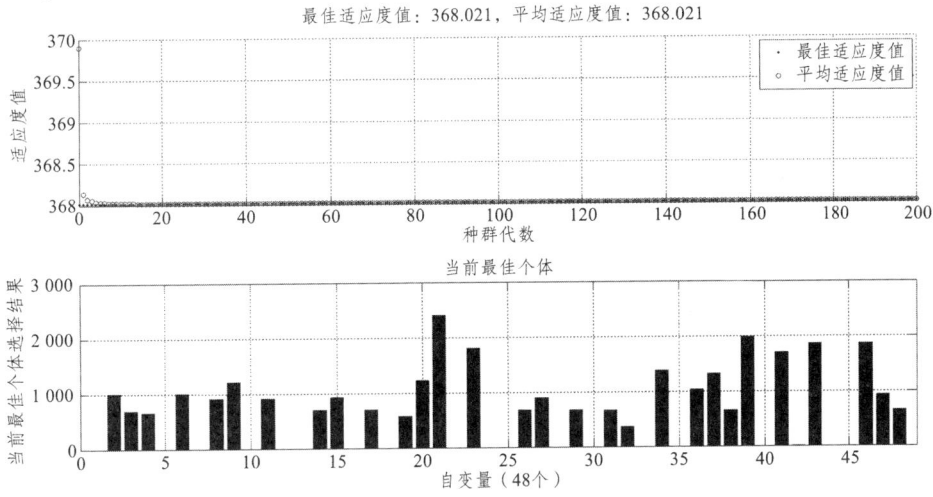

图 5-10 基础费率等于 5 元时，最后一次 GA 计算过程

此时，GA 算法达到最大种群代数（200 代）而终止，最佳适应度值和平均适应度值都为 368.02。由此可得拥挤收费基础费率 k_{cong} = 5 元时各交通小区出行者的选择结果，如表 5-22 所示。

表 5-22 拥挤收费基础费率等于 5 元时，最终计算结果

选择代号	计算结果	选择代号	计算结果	选择代号	计算结果
$p1$	0	$p17$	695	$p33$	0
$p2$	1 005	$p18$	0	$p34$	1 379
$p3$	685	$p19$	573	$p35$	0
$p4$	656	$p20$	1 230	$p36$	1 034

续表

选择代号	计算结果	选择代号	计算结果	选择代号	计算结果
p5	0	p21	2 403	p37	1 324
p6	1 005	p22	0	p38	657
p7	0	p23	1 803	p39	1 981
p8	915	p24	0	p40	0
p9	1 219	p25	0	p41	1 699
p10	0	p26	675	p42	0
p11	915	p27	899	p43	1 854
p12	0	p28	0	p44	0
p13	0	p29	675	p45	0
p14	695	p30	0	p46	1 854
p15	928	p31	670	p47	931
p16	0	p32	364	p48	659

代入 5.3.3 节目标函数，可得各出行 OD 后悔程度如表 5-23 所示。

表 5-23　拥挤收费基础费率为 5 元时，各出行 OD 后悔程度

序号	出行 OD	后悔程度/元	序号	出行 OD	后悔程度/元
1	A—C	3.916 1	13	E—D	0.422 3
2	A—G	2.621 7	14	E—H	2.387 6
3	A—F	4.217 1	15	E—B	2.415 8
4	B—A	4.375 5	16	F—E	4.408 6
5	B—G	1.490 2	17	F—H	5.220 5
6	B—E	2.415 8	18	F—C	0.457 2
7	C—B	1.744 2	19	G—A	2.621 7
8	C—G	3.281 5	20	G—B	1.490 2
9	C—D	2.620 4	21	G—D	0.800 8
10	D—F	3.626 4	22	H—D	0.800 8
11	D—H	0.800 8	23	H—F	2.276 8
12	D—A	1.139 5	24	H—A	2.621 7

通过计算，由于关键路段 7 和 11 的服务水平分别为 1.043 9 和 0.125 7，此时实际征收了 2.923 9 元，仅为基础费率 5 元的 58.48%。此外，此时平均出行成本为 30.674 8 元，则可接受后悔程度 k 等于平均出行成本的 20%，即可接受后悔程度 k 等于 6.135 0 元。由表 5-23 可知，各出行 OD 后悔程度均小于可接受后悔程度 k，故认为此时交通系统达到稳定的均衡状态。

与拥挤收费基础费率等于 1 元时相比，平均出行成本从 29.633 6 元增加到了 30.674 8 元，增加了 1.041 2 元，增幅为 3.51%；后悔程度均值从 2.192 3 元增加到了 2.423 9 元，增加了 0.231 6 元（增幅为 10.56%）；后悔程度标准差从 1.234 5 增加到了 1.338 6，增幅为 8.43%；外围路段（1、2、6、8、9、10、15、16）平均服务水平（V/C）从 1.277 8 略微增加到了 1.464 5，增幅为 14.61%；中心路段（3、4、5、7、11、12、13、14）平均服务水平（V/C）从 0.772 2 显著下降到了 0.579 4，降幅为 24.97%。

可以看出，当拥挤收费基础费率从 1 元提高到了 5 元后，交通出行成本略有上升，后悔程度不论是均值还是离散程度都有一定提高，说明该交通场景的出行者在心理感知方面，对于拥挤收费基础费率提高后的反应较为强烈，然而其对中心路段的交通改善效果非常显著，因此可以认为拥挤收费基础费率从 1 元提高到 5 元是有效率的。

5.5.3 修正模式基础费率 10、20、30 元时算例

同理可得，拥挤收费基础费率 k_{cong} = 10、20、30 元时的交通系统运行状态，其中，k_{cong} = 10 元时最后一次 GA 计算过程如图 5-11 所示。

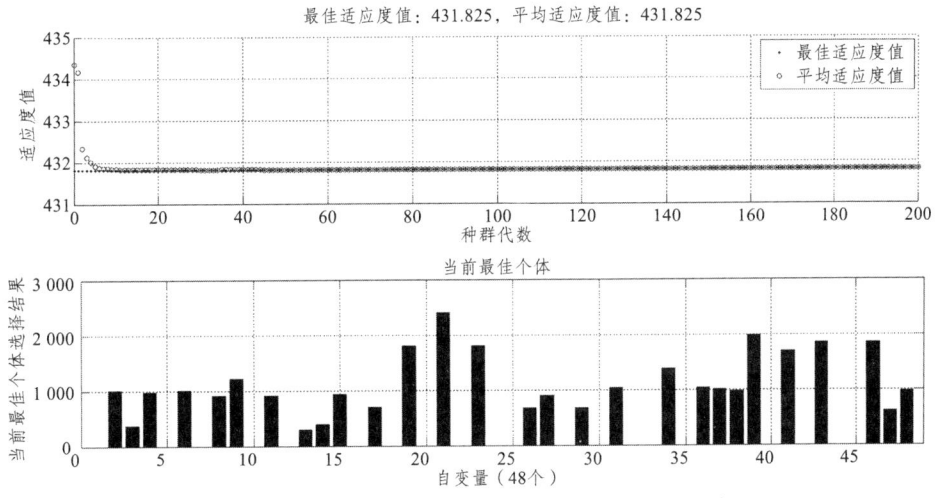

图 5-11 基础费率等于 10 元时，最后一次 GA 计算过程

此时，GA 算法达到最大种群代数（200 代）而终止，最佳适应度值和平

均适应度值都为 431.825。由此可得，拥挤收费基础费率 $k_{cong} = 10$ 元时各交通小区出行者的选择结果如表 5-24 所示。

表 5-24 拥挤收费基础费率等于 10 元时，最终计算结果

选择代号	计算结果	选择代号	计算结果	选择代号	计算结果
p1	0	p17	695	p33	0
p2	1 005	p18	0	p34	1 379
p3	371	p19	1 803	p35	0
P4	970	p20	0	p36	1 034
p5	0	p21	2 403	p37	1 009
p6	1 005	p22	0	p38	972
p7	0	p23	1 803	p39	1 981
p8	915	p24	0	p40	0
p9	1 219	p25	0	p41	1 699
p10	0	p26	675	p42	0
p11	915	p27	899	p43	1 854
p12	0	p28	0	p44	0
p13	297	p29	675	p45	0
p14	398	p30	0	p46	1 854
p15	928	p31	1 034	p47	620
p16	0	p32	0	p48	971

代入 5.3.3 节目标函数，可得各出行 OD 后悔程度如表 5-25 所示。

表 5-25 拥挤收费基础费率为 10 元时，各出行 OD 后悔程度

序号	出行 OD	后悔程度/元	序号	出行 OD	后悔程度/元
1	A—C	4.454 3	13	E—D	0.279 7
2	A—G	3.620 6	14	E—H	3.076 8
3	A—F	4.305 7	15	E—B	2.137 9
4	B—A	4.478 5	16	F—E	4.844 6
5	B—G	1.250 0	17	F—H	4.969 7
6	B—E	2.137 9	18	F—C	0.230 3
7	C—B	1.047 5	19	G—A	3.620 6
8	C—G	3.761 6	20	G—B	1.250 0
9	C—D	2.953 7	21	G—D	1.380 9
10	D—F	3.730 4	22	H—D	1.380 9
11	D—H	1.380 9	23	H—F	1.803 1
12	D—A	1.121 7	24	H—A	3.620 6

第5章 中小城市拥挤收费使用效率研究

通过计算发现，由于关键路段 7 和 11 的服务水平分别为 0.749 8 和 0.125 7，此时实际征收了 4.377 6 元，仅为基础费率 10 元的 43.78%。此外，平均出行成本为 31.378 7 元，则可接受后悔程度 k 等于平均出行成本的 20%，即可接受后悔程度 k 等于 6.275 7 元。由表 5-25 可知，各出行 OD 后悔程度均小于可接受后悔程度 k，故认为此时交通系统达到稳定的均衡状态。

与拥挤收费基础费率等于 5 元时相比，平均出行成本从 30.674 8 元增加到了 31.378 7 元，增加了 0.703 9 元，增幅为 2.29%；后悔程度均值从 2.423 9 元增加到了 2.618 2 元，增加了 0.194 3 元（增幅为 8.02%）；后悔程度标准差从 1.338 6 增加到了 1.463 3，增幅为 9.32%；外围路段（1、2、6、8、9、10、15、16）平均服务水平（V/C）从 1.464 5 略微增加到了 1.556 3，增幅为 6.27%；中心路段（3、4、5、7、11、12、13、14）平均服务水平（V/C）从 0.579 4 显著下降到了 0.446 1，降幅为 23.01%。

可以看出，当拥挤收费基础费率从 5 元提高到了 10 元后，交通出行成本略有上升，后悔程度不论是均值还是离散程度都有一定提高，说明该交通场景的出行者在心理感知方面，对于拥挤收费基础费率提高后的反应较为强烈，然而其对中心路段的交通改善效果非常显著，因此可以认为拥挤收费基础费率从 5 元提高到 10 元是有效率的。

同理可得，拥挤收费基础费率 k_{cong} = 20 元时的交通系统运行状态，其中，k_{cong} = 20 元时出行者的最终选择结果如表 5-26 所示。

表 5-26 拥挤收费基础费率等于 20 元时，最终计算结果

选择代号	计算结果	选择代号	计算结果	选择代号	计算结果
p1	0	p17	695	p33	0
p2	1 005	p18	0	p34	1 379
p3	0	p19	1 803	p35	0
p4	1 340	p20	0	p36	1 034
p5	0	p21	2 403	p37	136
p6	1 005	p22	0	p38	1 845
p7	0	p23	1 803	p39	1 981
p8	915	p24	0	p40	0
p9	1219	p25	0	p41	1699
p10	0	p26	675	p42	0

续表

选择代号	计算结果	选择代号	计算结果	选择代号	计算结果
$p11$	915	$p27$	899	$p43$	1 854
$p12$	0	$p28$	0	$p44$	0
$p13$	695	$p29$	675	$p45$	0
$p14$	0	$p30$	0	$p46$	1 854
$p15$	928	$p31$	1034	$p47$	769
$p16$	0	$p32$	0	$p48$	821

最后一次 GA 运算因满足收敛条件而终止,虽然此时基础费率为 20 元,然而关键路段 7 和 11 的服务水平分别为 0.4081 和 0.1257,导致实际征收的拥挤收费仅为 5.3384 元,远低于基础费率 20 元,拥挤收费实际征收仅为基础费率的 26.69%。从最终计算结果可以看出,全部 24 个 OD 对中,仅有 2 个出行 OD(G—A、H—A)出现了混合选择情况,其余出行 OD 的路径选择(所有 OD 的备选出行路径策略集都为两条出行路径,其中一条主要通过新老城区外围道路到达目的地,另一条主要经过新老城区中心道路)都为 100% 的选择仅包含城市外围道路的出行路径。从博弈论的角度来看,此时 91.67% 的出行选择博弈(即这 22 个出行 OD)都出现了严格劣势策略,即无论博弈参与者(相关 OD 出行者)如何变化策略选择结果(出行路径选择概率),劣势策略(包含新老城区中心道路的路径)永远不改变。

代入 5.3.3 节目标函数,可得各出行 OD 后悔程度如表 5-27 所示。

表 5-27 拥挤收费基础费率为 20 元时,各出行 OD 后悔程度

序号	出行 OD	后悔程度/元	序号	出行 OD	后悔程度/元
1	A—C	4.823 6	13	E—D	0.200 7
2	A—G	5.035 0	14	E—H	3.557 2
3	A—F	4.303 8	15	E—B	1.571 5
4	B—A	4.310 8	16	F—E	5.325 0
5	B—G	0.683 5	17	F—H	4.489 3
6	B—E	1.571 5	18	F—C	0.070 3
7	C—B	0.569 7	19	G—A	5.035 0
8	C—G	4.062 2	20	G—B	0.683 5
9	C—D	3.254 3	21	G—D	1.861 3
10	D—F	4.210 8	22	H—D	1.861 3
11	D—H	1.861 3	23	H—F	1.322 7
12	D—A	1.119 8	24	H—A	5.035 0

第5章 中小城市拥挤收费使用效率研究

通过计算，此时平均出行成本为 31.959 3 元，则可接受后悔程度 k 等于平均出行成本的 20%，即可接受后悔程度 k 等于 6.391 9 元。由表 5-27 可知，各出行 OD 后悔程度均小于可接受后悔程度 k，故认为此时交通系统达到稳定的均衡状态。

与拥挤收费等于 10 元时相比，实际征收拥挤收费费用从 4.377 6 元增加到了 5.338 4 元，增幅为 21.95%；平均出行成本从 31.378 7 元增加到了 31.959 3 元，增幅为 1.85%；后悔程度均值从 2.618 2 元增加到了 2.784 1 元，增加了 0.165 9 元（增幅为 6.34%）；后悔程度标准差从 1.463 3 显著增加到了 1.779 7，增幅为 21.62%；外围路段（1、2、6、8、9、10、15、16）平均服务水平（V/C）从 1.556 3 略微增加到了 1.610 7，增幅为 3.50%；中心路段（3、4、5、7、11、12、13、14）平均服务水平（V/C）从 0.446 1 显著下降到了 0.391 8，降幅为 12.17%。

可以看出，随着拥挤收费从 10 元提高到了 20 元，交通出行成本略有上升，后悔程度不论是均值还是离散程度都有一定提高，说明该交通场景的出行者在心理感知方面，对于拥挤收费基础费率提高后的反应较为强烈，然而其对中心路段的交通改善效果比较显著（由于实际征收费用并未提高多少，因此中心路段改善效果不如之前显著）。因此，从成本-收益对比分析的角度来看，可以认为拥挤收费基础费率从 10 元提高到 20 元仍然是有一定效率的。

同理可得，拥挤收费基础费率 k_{cong} = 30 元时的交通系统运行状态，其中，k_{cong} = 30 元时出行者的最终选择结果如表 5-28 所示。

表 5-28 拥挤收费基础费率等于 30 元时，最终计算结果

选择代号	计算结果	选择代号	计算结果	选择代号	计算结果
$p1$	0	$p17$	695	$p33$	0
$p2$	1 005	$p18$	0	$p34$	1 379
$p3$	123	$p19$	1 803	$p35$	0

续表

选择代号	计算结果	选择代号	计算结果	选择代号	计算结果
$p4$	1 218	$p20$	0	$p36$	1 034
$p5$	0	$p21$	2 403	$p37$	241
$p6$	1 005	$p22$	0	$p38$	1 740
$p7$	0	$p23$	1 803	$p39$	1 981
$p8$	915	$p24$	0	$p40$	0
$p9$	1 219	$p25$	0	$p41$	1 699
$p10$	0	$p26$	675	$p42$	0
$p11$	915	$p27$	899	$p43$	1 854
$p12$	0	$p28$	0	$p44$	0
$p13$	695	$p29$	675	$p45$	0
$p14$	0	$p30$	0	$p46$	1 854
$p15$	928	$p31$	1 034	$p47$	51
$p16$	0	$p32$	0	$p48$	1 539

最后一次 GA 运算因满足收敛条件而终止，虽然此时基础费率为 30 元，然而关键路段 7 和 11 的服务水平分别为 0.254 8 和 0.125 7，导致实际征收的拥挤收费仅为 5.707 8 元，远低于基础费率 30 元，拥挤收费实际征收仅为基础费率的 19.03%。从最终计算结果可以看出，全部 24 个 OD 对中，仅有 3 个出行 OD（A—G、G—A、H—A）出现了混合选择情况，其余出行 OD 的路径选择（所有 OD 的备选出行路径策略集都为两条出行路径，其中一条主要通过新老城区外围道路到达目的地，另一条主要经过新老城区中心道路）都为 100%的选择仅包含城市外围道路的出行路径。从博弈论的角度来看，此时 87.5%的出行选择博弈（即这 21 个出行 OD）都出现了严格劣势策略，即无论博弈参与者（相关 OD 出行者）如何变化策略选择结果（出行路径选择概率），劣势策略（包含新老城区中心道路的路径）永远不改变。

代入 5.3.3 节目标函数，可得各出行 OD 后悔程度如表 5-29 所示。

表 5-29 拥挤收费基础费率为 30 元时，各出行 OD 后悔程度

序号	出行 OD	后悔程度/元	序号	出行 OD	后悔程度/元
1	A—C	4.8670	13	E—D	0.3854
2	A—G	5.7751	14	E—H	3.7419
3	A—F	4.3571	15	E—B	1.2594
4	B—A	4.0675	16	F—E	5.5097
5	B—G	0.3714	17	F—H	4.3046
6	B—E	1.2594	18	F—C	0.1582
7	C—B	0.6718	19	G—A	5.7751
8	C—G	4.1502	20	G—B	0.3714
9	C—D	3.3423	21	G—D	2.0460
10	D—F	4.3955	22	H—D	2.0460
11	D—H	2.0460	23	H—F	1.1381
12	D—A	1.1730	24	H—A	5.7751

通过计算，此时平均出行成本为 32.2309 元，则可接受后悔程度 k 等于平均出行成本的 20%，即可接受后悔程度 k 等于 6.4462 元。由表 5-29 可知，各出行 OD 后悔程度均小于可接受后悔程度 k，故认为此时交通系统达到稳定的均衡状态。

与拥挤收费等于 20 元时相比，实际征收拥挤收费费用从 5.338 4 元增加到了 5.707 8 元，增幅为 6.92%；平均出行成本从 31.959 3 元增加到了 32.230 9 元，增幅为 0.85%；后悔程度均值从 2.784 1 元增加到了 2.8745 元，增加了 0.090 4 元（增幅为 3.25%）；后悔程度标准差从 1.7797 显著增加到了 1.945 9，增幅为 9.34%；外围路段（1、2、6、8、9、10、15、16）平均服务水平（V/C）从 1.610 7 略微增加到了 1.649 0，增幅为 2.38%；中心路段（3、4、5、7、11、12、13、14）平均服务水平（V/C）从 0.3918 显著下降到了 0.353 5，降

幅为 9.78%。

可以看出，随着拥挤收费从 20 元提高到了 30 元，交通出行成本略有上升，后悔程度不论是均值还是离散程度都有略微提高，说明该交通场景的出行者在心理感知方面，对于拥挤收费基础费率的提高有一定反应，然而其对中心路段的交通改善具有一定效果（由于实际征收费用并未提高多少，因此中心路段改善效果不如之前显著）。因此，从成本-收益对比分析的角度来看，可以认为拥挤收费基础费率从 20 元提高到 30 元仍然是有一定效率的。

5.5.4 修正模式主要结论

通过对比 5.5.1 节到 5.5.3 节不同拥挤收费基础费率水平下的数据分析可以看出，与固定费率的情况类似，从交通出行者的出行成本角度来看，拥挤收费基础费率的增加极易带来出行成本的提高。从出行收益情况来看，当各出行 OD 出行者的后悔程度小于对应的可接受后悔程度时，拥挤收费的变化可以对交通出行者出行选择行为产生一定影响，从而改善中心路段的拥堵程度。而当各出行 OD 后悔程度超过对应的可接受后悔程度时，拥挤收费的变化对交通出行者出行选择行为产生不了任何影响。

需要注意的是，实际征收的拥挤收费与基础费率的比值随着基础费率的提高不断下降，从基础费率为 1 元时的 94.63%单调下降到基础费率为 30 元的 19.03%。这是因为修正费率的关键路段 7 和 11 的服务水平随着基础费率的提高，从基础费率为 1 元时的 1.2857 和 0.6069 单调下降到 30 元时的 0.2548 和 0.1257。可以理解为，当拥挤收费基础费率过高后，交通出行者通过改变出行路径选择以降低关键路段的拥堵程度，通过加大拥挤收费基础费率的修正力度达到抵消基础费率过高的不利影响。

当拥挤收费以基础费率征收时，最初随着基础费率水平的提高，其对收费路段的改善效果不断提升。然而当基础费率水平高到一定程度（20元）后，超过85%的交通系统内出行 OD 路径选择博弈将出现严格劣势策略，此时再提高拥挤收费基础费率对交通出行者出行选择行为的改变力度显著减少，这意味着此时继续提高拥挤收费基础费率对交通系统的改善效果不佳。

综上所述，随着拥挤收费基础费率的提高，实际征收的拥挤收费随着修正力度的加大并未显著提高，这在一定程度上降低了基础费率的使用效率。此外，当基础费率过高后，大部分出行选择博弈陆续出现了严格劣势策略，此时继续提高基础费率对交通路径选择行为的影响十分有限。可以认为，当大多数路径选择博弈出现严格劣势策略以后，继续增加拥挤收费基础费率只会增加出行者的出行成本，对交通系统的改善是无效率的。

5.6 两收费模式效率对比

通过对比固定费率模式和关键路段修正模式下的拥挤收费，可以发现两种模式的一些共性：两种模式都存在拥挤收费（或拥挤收费基础费率）的有效区间，当超过这个有效区间以后，继续增加拥挤收费（或拥挤收费基础费率）将会造成严格劣势策略的大量出现，拥挤收费（或拥挤收费基础费率）对交通系统的改善效果将降为零。从交通出行者的心理感知层面来看，无论哪种模式，当拥挤收费（或拥挤收费基础费率）发生变化时，出行者的后悔程度和后悔程度离散值都将发生变化，且出行者对拥挤收费（或拥挤收费基础费率）变化的反应剧烈程度不容忽视。

此外，两种模式还具有自身的一些特性：相比固定费率，修正费率模式实际征收的拥挤收费并不高。例如当修正模式下的基础费率为 20 元时，实际征收的拥挤收费仅为 5.338 4 元，此时中心路段的平均服务水平为 0.391 8；对比固定费率为 5 元时，其中心路段的平均服务水平为 0.440 6；当固定费率为 10 元时，其中心路段的平均服务水平为 0.248 0。可以看出当实际征收拥挤收费 5.338 4 元位于固定费率 5 元和 10 元之间时，中心路段的服务水平也位于两者之间。

为了对比方便,进一步计算固定费率取 5.338 4 元时的中心路段平均服务水平为 0.424 2,大于修正模式实际征收 5.338 4 元时的 0.391 8。可以认为,此时关键路段修正模式下的拥挤收费政策对交通系统的改善作用大于固定费率模式,也就是说当基础费率为 20 元时,关键路段修正模式下的拥挤收费政策是更有效率的。

再计算其余各修正模式下实际征收的拥挤收费对应的固定费率情况,如表 5-30 所示。

表 5-30 两收费模式路段服务水平对比

基础费率/元	实际征收/元	修正收费中心路段平均服务水平	固定收费中心路段平均服务水平	修正收费外围路段平均服务水平	固定收费外围路段平均服务水平
1	0.946 3	0.772 2	0.769 0	1.277 8	1.266 7
5	2.923 9	0.579 4	0.584 8	1.464 5	1.417 7
10	4.377 6	0.446 1	0.470 1	1.556 3	1.529 8
20	5.338 4	0.391 8	0.424 2	1.610 7	1.563 6
30	5.707 8	0.353 5	0.406 0	1.649 0	1.576 9

可以看出,无论哪种收费模式,中心路段的平均服务水平都随拥挤收费实际征收费用增加而单调减少,外围路段的平均服务水平都随实际征收费用增加而单调增加。其中拥挤收费关键路段修正模式下中心路段平均服务水平的均值为 0.508 6,拥挤收费固定费率模式下中心路段平均服务水平的均值为 0.530 8。拥挤收费关键路段修正模式下中心路段平均服务水平的下降速度为 17.48%,拥挤收费固定费率模式下中心路段平均服务水平的下降速度为 14.41%。拥挤收费关键路段修正模式下外围路段平均服务水平的均值为 1.511 7,拥挤收费固定费率模式下外围路段平均服务水平的均值为 1.470 9。拥挤收费关键路段修正模式下外围路段平均服务水平的下降速度

为 6.69%，拥挤收费固定费率模式下外围路段平均服务水平的下降速度为 5.72%。

通过数据对比可以看出，对于收费路段（中心路段），拥挤收费关键路段修正模式无论是改善效果还是改善效率都高于固定费用模式。对于外围路段的影响则相反，即拥挤收费关键路段修正模式对于外围路段的不利影响要略高于固定费率模式。

5.7 主要结论

本章首先搭建了总人数为 43.59 万人、路网结构为"双中心带状"结构的Ⅱ型小城市交通场景，并设计了固定费率和关键路段修正这两种拥挤收费模式，运用混合博弈模型和后悔理论对各拥挤收费下的交通运行状态进行计算，通过数据分析，得出以下结论：

在固定费率模式下，随着固定费率的提高，交通选择博弈必然出现严格劣势策略，而在严格劣势策略出现之前，在该中小城市交通场景中拥挤收费的实施是有效率的。在严格劣势策略出现后，继续增加拥挤收费只会增加出行者的出行成本，是无效率的。

在关键路段修正模式下，随着基础费率的提高，实际征收的拥挤收费随着修正力度的加大并未显著提高，这在一定程度上降低了基础费率的使用效率。此外，当基础费率过高后，大部分出行选择博弈陆续出现了严格劣势策略，此时继续提高基础费率对交通路径选择行为的影响十分有限。可以认为，当大多数路径选择博弈出现严格劣势策略以后，继续增加拥挤收费基础费率只会增加出行者的出行成本，对交通系统的改善是无效率的。

通过对比两种模式，可以发现两者都存在拥挤收费（或基础费率）的有效区间，当超过这个有效区间以后，继续增加拥挤收费（或基础费率）将会造成严格劣势策略的大量出现，拥挤收费（或基础费率）对交通系统的改善效果将降为零。而对于收费路段（中心路段），拥挤收费关键路段修正模式无论是改善效果还是改善效率都高于固定费用模式。对于外围路段的影响则相反，即拥挤收费关键路段修正模式对于外围路段的不利影响要略高于固定费率模式。

综上所述，拥挤收费的实施对于中小城市道路交通系统是有利的，而其对交通拥堵的改善效率会随着自身费率的提高而下降，且当拥挤收费费率水平高到一定程度后，继续提高费率只能增加出行者的出行成本，并不能对交通拥堵的改善带来任何好处。而将道路拥堵情况反馈进拥挤收费费率设置函数中后，可以有效提高拥挤收费的使用效率。

第6章　拥挤收费实施效果案例研究

6.1　研究背景

考虑到我国中小城市道路交通网络的实际情况，本研究通过对比我国典型四线城市——江西省宜春市袁州区在拥挤收费实施前后交通系统的运行状态，来说明拥挤收费在现实中小城市交通场景中的实施效果和必要性。

宜春，江西省辖地级市，长江中游城市群重要成员，位于江西省西北部，东境与南昌市接界，东南与抚州市为邻，南陲与吉安市及新余市毗连，西南与萍乡市接壤，北与九江市相邻，西北与湖南省长沙市、岳阳市交界。宜春总面积 18 700 km²；下辖 1 个区、6 个县、代管 3 个县级市。根据第七次全国人口普查数据，截至 2020 年 11 月 1 日零时，宜春市常住人口为 500.770 2 万人。2020 年宜春市地区生产总值实现 2 789.9 亿元，同比增长 3.7%。宜春地处东经 113°54′—116°27′，北纬 27°33′—29°06′。宜春境内以丘陵、山地为主，气候温和，雨量充沛，四季分明。宜春有京九铁路、沪昆高铁、浙赣铁路交会；赣粤、沪昆、大广等高速公路和 320、105 国道纵横交错，此外，还拥有宜春明月山机场。

袁州区位于宜春市境西南部，地处赣江支流袁河上游。北部及东北部分别与万载县、上高县接壤，东部与新余市的分宜县毗邻，南部与吉安市的安福县相连，西部及西南部分别与萍乡市的上栗县、芦溪县交界，西北角与湖南省浏阳市相接。介于东经 113°54′—114°37′、北纬 27°33′—28°05′，东西最大横距 68 km，南北最大纵距 58 km，总面积 2 538 km²。袁州区境内总体地貌情况为：南、西、北三面地势较高，边缘多山环抱；中东部较低，丘陵广布，间有狭窄河谷平原。按照全区海拔高度与相对高度，可划分为山地、丘陵、平原三种地貌。山地包括中山和低山，主要分布在南面与安福接壤的明月山一带。主峰太平山海拔 1 735.6 m，是境内最高山峰。低山主要集中分布区域北部边沿与中山接壤处，主峰丰顶山海拔 959.9 m。境内山地面积约 510 km²，占总面积的 20%，是用材林和毛竹的主要产地。丘陵包括高丘和低丘。高丘主要分布于水江、天台、慈化、天台山、洪塘、楠木、温汤和南庙等乡镇；低丘分布集中在区域中部各乡。全区丘陵面积约 1 429 km²，占总面积的 56.04%。其中高丘占 20.35%，低丘占 35.69%。系粮油、苎麻和辣椒等经济作物的重要产区。平原主要分布在东部和袁河两岸。此外，丘陵地貌中也夹杂分布着小块冲积平原。境内平原面积 611 km²，占总面积的 23.96%，系境内工农业生产和水利资源的重要地带，也是粮食生产的高产稳产区。

2020 年，袁州区实现地区生产总值 456.8 亿元，比 2019 年增长 4%。其中，第一产业增加值 41.97 亿元，增长 3.2%；第二产业增加值 153.88 亿元，增长 5.5%；第三产业增加值 260.95 亿元，增长 3.1%。三次产业结构调整为 9.2∶33.7∶57.1，对 GDP 增长的贡献率分别为 4.4%、57.4%和 38.2%。2020 年，袁州区城镇新增就业 7500 人，比 2019 年减少 1 196 人；新增转移农村劳动力 1.2 万人；年末城镇登记失业率为 3.1%，比 2019 年上升 1%。2020 年，袁州区财政总收入 92.95 亿元，比 2019 年增长 0.9%。其中，公共财政预算收入 57.28 亿元，增长 2%。财政总收入占地区生产总值的比重为 20.3%，比 2019 年下降 0.8%。区本级财政总收入 41.48 亿元，增长 3.7%。其中，公共财政预算收入 23.61 亿元，增长 1%。全年区本级公共财政预算支出 85.06 亿元，增长 6.5%。其中，教育支出 10.08 亿元，增长 9.1%；社会保障和就业支出 10.11 亿元，下降 23.9%；医疗卫生支出 9.64 亿元，下降 12.3%。2020

年，袁州区居民消费价格比 2019 年上涨 2.6%。其中，食品烟酒类价格上涨 9.6%，衣着类价格下降 2.6%，居住类价格下降 0.9%。2020 年，袁州区固定资产投资增长 8.7%。分产业看，第一产业投资增长 230.4%；第二产业投资增长 15.6%，其中工业投资增长 15.6%；第三产业投资增长 3.4%。分投资主体看，国有投资下降 2.9%；非国有投资增长 12.6%，其中民间投资增长 5.2%。

2020 年，袁州区城镇居民人均可支配收入 4.09 万元，比 2019 年增长 5.5%；农村居民人均可支配收入 1.72 万元，增长 7.8%。城镇居民人均生活消费支出 2.37 万元，下降 3.7%；农村居民人均生活消费支出 1.6 万元，增长 6.7%。年末城镇居民人均住房建筑面积 64.64 m^2，比 2019 年末增加 1.06 m^2，增长 1.6%；农村居民人均住房建筑面积 88.76 m^2，比 2019 年末增加 0.6 m^2，增加 0.7。袁州区辖区内有宜春明月山机场、沪昆高速铁路、沪昆铁路、沪昆高速公路、万宜高速公路、昌栗高速公路、320 国道、220 国道，农村公路基本实现村村通。2019 年，袁州区公路完成旅客运输量 444.2 万人次，比 2018 年下降 45.7 万人次；货物运输量 3665.8 万 t，增长 36%。旅客周转量 666.3 万人千米，下降 90.7%；货物周转量 1.7 亿吨千米，增长 34.1%。

6.2 研究场景

如图 6-1 所示，地图西部区域为宜春市袁州区老城区，袁州区辖 10 个街道：灵泉街道、秀江街道、湛郎街道、珠泉街道、化成街道、官园街道、下浦街道、凤凰街道、金园街道、新康府街道。总用地面积 1 147.96 公顷（1 公顷=0.01 km^2），城市建设用地 1 099.18 公顷，非建设用地 48.78 公顷。规划居住用地面积 518.25 公顷，公共管理与公共服务设施用地 97.46 公顷，商业服务业设施用地 116.11 公顷，道路与交通设施用地 179.34 公顷，公用设施用地 6.44 公顷，绿地与广场用地 181.55 公顷。

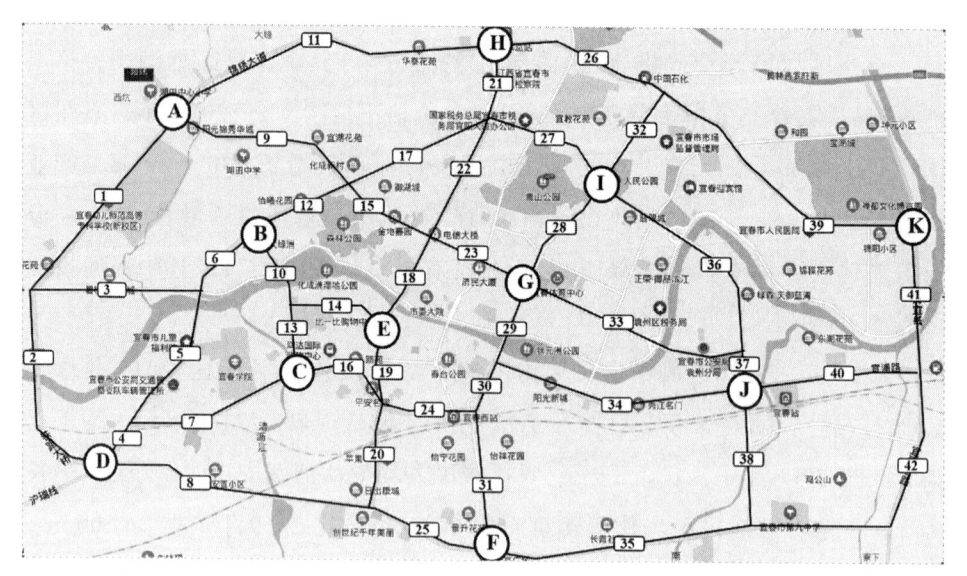

图 6-1 宜春市袁州区道路交通网络场景示意图

在该交通场景中，老城区包括 A、B、C、D、E、H 这 6 个交通小区以及 1、2、3、4、5、6、7、8、9、10、11、12、13、14、15、16、17、18、19、20、21、22 这 22 条路段。交通小区 A 代表"湖田""教体新区"这一带的交通出行集聚区域；交通小区 B 代表"恒大绿洲""碧桂园明月江南""秀江御景"等这一片的居民区；交通小区 C 代表以"润达国际"为中心的老城区主商业中心；交通小区 D 代表"桃园小区"这一片的"仙台社区"居民区；交通小区 E 代表"青龙商厦"为中心的老城区副商业中心；交通小区 H 代表"汽车总站""北辰花园""胡家冲小区"这一片的交通出行集聚区域。路段 1、2、4、5、6、8、11、12、17、20、21、22 这 12 条老城区路段为城市主干道"锦绣大道""环城南路""环城西路""武功山大道""宜春南路""宜春北路""宜春大道"等的部分路段。路段 3、7、9、10、13、15、16、18、19 这 9 条路段为双向 4 车道城市一般道路"靖安路""学府路""袁山西路""昌黎路""平安路"等的部分路段。路段 14 为双向 2 车道老商业街"中山西路"。

地图东部的宜阳新区是宜春市市委、市政府为适应现代化城市发展的要求，按照将宜春中心城打造成为经济实力较强、功能完善、特色鲜明、环境优美的"江南生态休闲城市"目标于2007年2月正式成立的城市新区，位于宜春中心城区东北部。辖区范围北至沪昆高速公路，西至张家山花园坪，南面和东面与秀江河交界，总面积约27 km^2，现管辖人口约6万，是介于老城区与经济开发区之间的新城区。辖区内有宜春体育中心、宜春中学、贸易广场、汽车总站等宜春文化、贸易、交通设施和场所，依托市政大楼的整体搬迁，宜阳新区将成为宜春行政、金融、商贸、文化的中心。新区的基本建设框架正在拉开，已建成了宜春大道、宜阳大道、明月大道、卢洲路等多条主干道，赣西大桥、宜阳大桥及宜春大桥在辖区内横跨秀江。2018年又开始修建高士北路延伸段、秀江东路延伸段等道路及明月大桥。核心区市政大楼的主楼正迅速崛起，随着核心区的三大工程的动工建设，必将带动整个新区的建设发展。

在该交通场景中，宜阳新区包括F、G、I、J、K这5个交通小区以及28、29、30、31、32、33、34、35、36、37、38、39、40、41、42这15条路段。交通小区F代表"景升花苑""怡欣花园"这一带的交通出行集聚区域；交通小区G代表"十运会""崔家园""建升花园"等这一片的居民区；交通小区I代表以"天虹商场""人民公园"为中心的新城区商业中心；交通小区J代表"宜春火车站"这一片的交通出行集聚区域；交通小区K代表"人民医院""碧桂园珑玥台"这一片的交通出行集聚区域。路段28、29、31、32、33、34、35、36、37、38、39、40、41、42这14条新城区路段为城市主干道"明月北路""明月大道""袁山中路""中山东路""环城南路""宜阳东大道""清宜线""宜浦路""宜安公路"等的部分路段。路段30为双向4车道城市一般道路"明月南路"。

路段23、24、25、26、27为连接老城区和宜阳新区的城市主干道。其中，中心城区内的路段23、24为双向4车道，外围区域的路段25、26、27为双向6车道。其中各交通小区属性如表6-1所示。

我国中小城市拥挤收费实施可行性研究

表 6-1 出行端点的交通出行量

序号	交通小区	属性	小区人数/人	交通生成系数	交通生成量/(辆/h)
1	A	小型小区	44 655	6.56%	2 929
2	B	大型小区	115 637	7.12%	8 233
3	C	大型小区	108 654	9.11%	9 898
4	D	小型小区	38 673	8.36%	3 233
5	E	中型小区	62 349	7.42%	4 626
6	F	中型小区	57 986	7.31%	4 239
7	G	中型小区	51 267	8.43%	4 322
8	H	大型小区	128 396	8.18%	10 503
9	I	大型小区	118 674	9.47%	11 238
10	J	大型小区	124 297	7.13%	8 862
11	K	小型小区	43 278	6.86%	2 969

在本研究中,假设场景交通生成量基于交通小区人口数进行估算,具体的计算公式参考第 4 章的 4.2.2 节。

结合当地实际,得出各交通小区主要出行分布量如表 6-2 所示。

表 6-2 交通小区的出行分布量

序号	出行 OD	出行 OD 量/(辆/h)	序号	出行 OD	出行 OD 量/(辆/h)
1	A—C	2 929×0.63 = 1 845	12	F—J	4 239×0.38 = 1 611
2	A—J	2 929×0.37 = 1 084	13	G—C	4 322×0.43 = 1 858
3	B—E	8 233×0.71 = 5 845	14	G—J	4 322×0.57 = 2 464
4	B—H	8 233×0.29 = 2 388	15	H—C	10 503×0.59 = 6 197
5	C—D	9 898×0.56 = 5 543	16	H—J	10 503×0.41 = 4 306
6	C—J	9 898×0.44 = 4 355	17	I—B	11 238×0.52 = 5 844
7	D—G	3 233×0.36 = 1 164	18	I—F	11 238×0.48 = 5 394
8	D—C	3 233×0.64 = 2 069	19	J—K	8 862×0.55 = 4 874
9	E—H	4 626×0.27 = 1 249	20	J—C	8 862×0.45 = 3 988
10	E—B	4 626×0.73 = 3 377	21	K—C	2 969×0.33 = 980
11	F—I	4 239×0.62 = 2 628	22	K—I	2 969×0.67 = 1 989

第 6 章　拥挤收费实施效果案例研究

新城区道路的道路条件相对较好，自由流车速和路段通行能力都相对较高，具体的路段属性如表 6-3 所示。

表 6-3　宜春市袁州区道路交通网络路段属性

代号	路段名	双向车道数	距离/km	自由流车速/(km/h)	单向通行能力/(veh/h)
1	锦绣大道	6 车道	3.2	60	2 400
2	环城南路+铁路大桥	6 车道	3.0	60	2 400
3	靖安路	4 车道	2.4	40	1 600
4	环城西路	6 车道	0.65	60	2 400
5	环城西路	6 车道	2.1	60	2 400
6	武功山大道	6 车道	1.2	60	2 400
7	学府路	4 车道	2.4	40	1 600
8	环城南路	6 车道	3.9	60	2 400
9	袁山西路	4 车道	2.8	40	1 600
10	昌黎路	4 车道	1.2	40	1 600
11	锦绣大道	6 车道	4.9	60	2 400
12	武功山大道	6 车道	1.5	60	2 400
13	昌黎路	4 车道	1	40	1 600
14	中山西路	2 车道	1.4	30	800
15	袁山西路	4 车道	1.4	40	1 600
16	学府路+平安路	4 车道	1.5	40	1 600
17	武功山大道	6 车道	2.4	60	2 400
18	宜春北路	4 车道	1.3	40	1 600
19	宜春南路	4 车道	1.2	40	1 600
20	宜春南路	6 车道	1.4	60	2 400
21	宜春大道	6 车道	0.99	60	2 400
22	宜春北路	6 车道	1.9	60	2 400
23	袁山中路	4 车道	1.5	40	1 600

149

续表

代号	路段名	双向车道数	距离/km	自由流车速 /(km/h)	单向通行能力 /(veh/h)
24	平安路	4 车道	1.4	40	1 600
25	环城南路	6 车道	1.8	60	2 400
26	清宜线	6 车道	2.6	60	2 400
27	宜阳大道	6 车道	1.9	60	2 400
28	明月北路	6 车道	1.7	60	2 400
29	明月北路	6 车道	1.2	60	2 400
30	明月南路	4 车道	0.71	40	1 600
31	明月大道	6 车道	2.0	60	2 400
32	明月北路	6 车道	1.6	60	2 400
33	袁山中路	6 车道	3.2	60	2 400
34	中山东路	6 车道	3.7	60	2 400
35	环城南路	6 车道	3.7	60	2 400
36	宜阳东大道	6 车道	3.3	60	2 400
37	宜阳东大道	6 车道	0.53	60	2 400
38	宜阳东大道	6 车道	1.9	60	2 400
39	清宜线	6 车道	4.2	60	2 400
40	宜浦路	6 车道	2.5	60	2 400
41	清宜线	6 车道	2.0	60	2 400
42	环城南路+宜安公路	6 车道	4.3	60	2 400

6.3 出行选择模型

6.3.1 基本模型

本节所建模型参考 5.3 节的出行选择混合博弈模型，交通出行者的选择主要受到出行时间成本、机动车使用成本和拥挤收费 3 部分的影响，函数形式如下：

$$u_i = -\gamma \cdot t_c(q_{bj}, q_c) - k(l_i) - f_{\text{cong}} \quad (6\text{-}1)$$

式中　u_i——出行者选择小汽车的效用函数；

　　　γ——时间价值；

　　　q_c——选择小汽车出行的人数；

　　　q_{bj}——背景交通量；

　　　$t_c(q_{bj}, q_c)$——小汽车通行时间，是小汽车出行人数 q_c 和背景交通量 q_{bj} 的函数；

　　　$k(l_i)$——机动车使用成本函数，受出行路径长度的影响；

　　　f_{cong}——拥挤收费费用，元。

其中，该模型中某路段的背景交通量等于该路段通行能力乘以系数 k_{bji}，系数 k_{bji} 为服从均值 $\mu_i = 0.14$，标准差 $\sigma_i = 0.05$ 正态分布的随机数，具体取值如表 6-4 所示。

表 6-4　背景交通量修正系数（正态分布随机数生成结果）

路段	1	2	3	4	5	6	7	8	9	10	11
k_{bji}	0.222 8	0.222 5	0.175 4	0.208 8	0.203 4	0.235 1	0.253 7	0.254 4	0.175 5	0.213 1	0.161 4
路段	12	13	14	15	16	17	18	19	20	21	22
k_{bji}	0.165 5	0.209 7	0.271 3	0.179 2	0.224 9	0.201	0.254 7	0.166 4	0.211 3	0.232 1	0.254
路段	23	24	25	26	27	28	29	30	31	32	33
k_{bji}	0.271 8	0.213 4	0.150 3	0.180 3	0.167 5	0.304	0.185 4	0.239 9	0.202 3	0.245 5	0.179 4
路段	34	35	36	37	38	39	40	41	42		
k_{bji}	0.153 9	0.153 1	0.229 5	0.202 9	0.202 2	0.266 8	0.221 7	0.217 9	0.273 5		

通过实地调查，可以认为每对 OD 都有两条备选出行路径，通常为一条主要包含城区外围道路的出行路径和一条主要包含城区内部道路的出行路径，具体的各小区交通出行 OD 及备选路径集如表 6-5 所示。

表 6-5　各 OD 出行路径

序号	OD	路径组成	选择人数代号
1	A—C	1-2-4-7	$p1$
		9-12-10-13	$p2$
2	A—J	9-15-23-33-37	$p3$
		11-26-39-41-40	$p4$
3	B—E	10-14	$p5$
		12-15-18	$p6$
4	B—H	12-17-21	$p7$
		12-9-11	$p8$
5	C—D	7-4	$p9$
		13-10-6-5-4	$p10$
6	C—J	16-24-30-34	$p11$
		16-20-25-35-38	$p12$
7	D—G	4-7-16-24-30-29	$p13$
		8-25-31-30-29	$p14$
8	D—C	4-7	$p15$
		8-20-16	$p16$
9	E—H	18-22-21	$p17$
		14-10-12-17-21	$p18$
10	E—B	14-10	$p19$
		18-15-12	$p20$
11	F—I	31-30-29-28	$p21$
		35-38-37-36	$p22$
12	F—J	35-38	$p23$
		31-30-34	$p24$
13	G—C	29-30-24-16	$p25$
		23-18-14-13	$p26$
14	G—J	33-37	$p27$
		29-34	$p28$
15	H—C	21-22-18-19-16	$p29$
		11-9-12-10-13	$p30$
16	H—J	26-39-41-40	$p31$
		21-27-28-29-34	$p32$

续表

序号	OD	路径组成	选择人数代号
17	I—B	27-17-12	$p33$
		28-23-18-14-10	$p34$
18	I—F	28-29-30-31	$p35$
		36-37-38-35	$p36$
19	J—K	40-41	$p37$
		38-42-41	$p38$
20	J—C	34-30-24-16	$p39$
		38-35-25-20-16	$p40$
21	K—C	41-42-35-25-20-16	$p41$
		39-32-28-23-18-14-13	$p42$
22	K—I	39-32	$p43$
		41-40-37-36	$p44$

小汽车通行时间的计算采用改进的 BPR 函数——EMME2 锥形延迟函数,将参数 β_e 取值 1.5,则该模型中的交通阻抗函数可以表示为:

$$t_c(q) = t_{c0} \cdot \left[(2.25 \cdot (1-q/c)^2 + 4)^{\frac{1}{2}} - 1.5 \cdot (1-q/c) \right] \tag{6-2}$$

拥挤收费首先采取静态收费中的重点路段拥挤收费模式,在新老城区的中心路段上征收拥挤收费,即于老城区路段 10、12、13、14、15、16、17、18、19、22 和新城区路段 28、29、33、34、36、37 上征收拥挤收费。

参考第 5 章的研究结论,拥挤收费模式采取更有效率的关键路段拥堵程度修正费率。关键路段拥堵程度修正费率的具体计算是以关键路段 18 和关键路段 33 的道路服务水平均值为修正系数,再乘以某基础费率 k_{cong},具体拥挤收费公式如下:

$$f_{\text{cong}} = k_{\text{cong}} \cdot \frac{\left(\dfrac{q_{18}}{c_{18}} + \dfrac{q_{33}}{c_{33}} \right)}{2} \tag{6-3}$$

式中 k_{cong}——拥挤道路使用收费的基础费率,元;

q_i ——关键路段 i 的交通流量，辆/h；

c_i ——关键路段 i 的道路通行能力，辆/h。

综上所述，当交通出行者所选出行路径不包含拥挤收费路段时，出行者选择出行路径 i 的效用函数为：

$$u_i = -\gamma \cdot t_{c0i} \cdot \left[\left(2.25 \cdot (1-(q_{ci} + \frac{1}{\sqrt{2\pi} \cdot \sigma_i} \cdot \exp\left(-\frac{(x-\mu_i)^2}{2 \cdot (\sigma_i)^2}\right) \cdot c_i)/c)^2 + 4 \right)^{\frac{1}{2}} - 1.5 \cdot (1-(q_{ci} + \frac{1}{\sqrt{2\pi} \cdot \sigma_i} \cdot \exp\left(-\frac{(x-\mu_i)^2}{2 \cdot (\sigma_i)^2}\right) \cdot c_i)/c) \right] - k_{sy} \cdot l_i \quad (6\text{-}4)$$

式中　k_{sy} ——小汽车单位里程使用费用，元。

当交通出行者所选出行路径包含拥挤收费路段时，出行者选择出行路径 i 的效用函数为：

$$u_i' = -\gamma \cdot t_{c0i} \cdot \left[\left(2.25 \cdot (1-(q_{ci} + \frac{1}{\sqrt{2\pi} \cdot \sigma_i} \cdot \exp\left(-\frac{(x-\mu_i)^2}{2 \cdot (\sigma_i)^2}\right) \cdot c_i)/c)^2 + 4 \right)^{\frac{1}{2}} - 1.5 \cdot (1-(q_{ci} + \frac{1}{\sqrt{2\pi} \cdot \sigma_i} \cdot \exp\left(-\frac{(x-\mu_i)^2}{2 \cdot (\sigma_i)^2}\right) \cdot c_i)/c) \right] - k_{sy} \cdot l_i - k_{cong} \cdot \frac{\left(\frac{q_{18}}{c_{18}} + \frac{q_{33}}{c_{33}}\right)}{2}$$

（6-5）

6.3.2　参数取值

时间价值的取值参考 4.4.1 节中时间价值的取值，即时间价值为 19.91 元/h。私人小汽车使用成本 k 主要包括燃油费和汽车折旧费，参考 4.4.2 节中自驾车使用成本的取值，私人小汽车的使用成本 k_{sy} 为 1.632 4 元/km。参考 5.5 节的结论，基本费率 k_{cong} 的取值定为 20 元。

6.3.3　目标函数

本节目标函数的确定参考 4.5 节的相关内容，同样认为所有出行者都有使得自身后悔程度最小的动机，即所有出行者都尽量使自身的选择接近不后悔状态。在计算中可以将任一策略集中所选路径效用差（即后悔程度）可接受时的状态视为稳定的均衡状态，并将后悔程度最小视为策略参与者的总体目标。

其中，以出行 OD 对 A—C 为例，其出行策略为选择路径 1（包含路段 1-2-4-7）或选择路径 2（包含路段 9-12-10-13）这两条出行路径，其中路径 1 不包含拥挤收费征收路段，路径 2 包含拥挤收费征收路段（路段 10、路段 12、路段 13），则其后悔程度为：

$$R_{AC} = (\left|u_1 - \frac{u_1 + u_2}{2}\right| + \left|u_2 - \frac{u_1 + u_2}{2}\right|)/2 \qquad (6\text{-}6)$$

式中　R_{AC}——出行 OD 对 A—C 出行者的后悔程度；
　　　u_1——策略 $p1$ 的效益，即出行路径 1-2-4-7 的出行成本负值；
　　　u_2——策略 $p2$ 的效益，即出行路径 9-12-10-13 的出行成本负值。

由此可得，该模型的总目标函数及约束条件如下：

$$\min R_{sum} = \min \sum R_i \qquad (6\text{-}7)$$
$$St: \forall p_i \geqslant 0 \qquad (6\text{-}8)$$
$$\mathbf{aeq} \times \mathbf{p} = \mathbf{beq} \qquad (6\text{-}9)$$
$$\forall R_i \leqslant k \qquad (6\text{-}10)$$

式中　**aeq**、**beq**——等式约束的系数矩阵，使得某出行端点的各选择人数之和等于该出行端点的出行人数；
　　　R_i——出行 OD 对 i 的后悔程度，元；
　　　k——可接受后悔程度，其值等于平均出行成本的 20%，元。

计算时，首先运用遗传算法找到局部最优点，将其作为序列二次规划算法的初值进行计算，得到更优的解，再将此解作为 GA 初始种群中的一支进行计算。如此反复迭代直到目标函数值无法更优时停止。

6.4 数据分析

为研究宜春市袁州区实施拥挤收费的最优效率，现通过对比以下 4 种拥挤收费实施方案，得出最佳优化的效果：

（1）方案一：袁州区老城区和宜阳新区都不实施道路拥挤收费。

（2）方案二：袁州区老城区和宜阳新区都实施道路拥挤收费。

（3）方案三：袁州区老城区实施道路拥挤收费，宜阳新区不实施道路拥挤收费。

（4）方案四：宜阳新区实施道路拥挤收费，袁州区老城区不实施道路拥挤收费。

6.4.1 新老城区都不实施的交通运行状况

首先计算袁州区老城区和宜阳新区都不实施道路拥挤收费时的交通运行状态，具体计算过程如下。不实施道路拥挤收费时，第一次 GA 计算过程如图 6-2 所示。

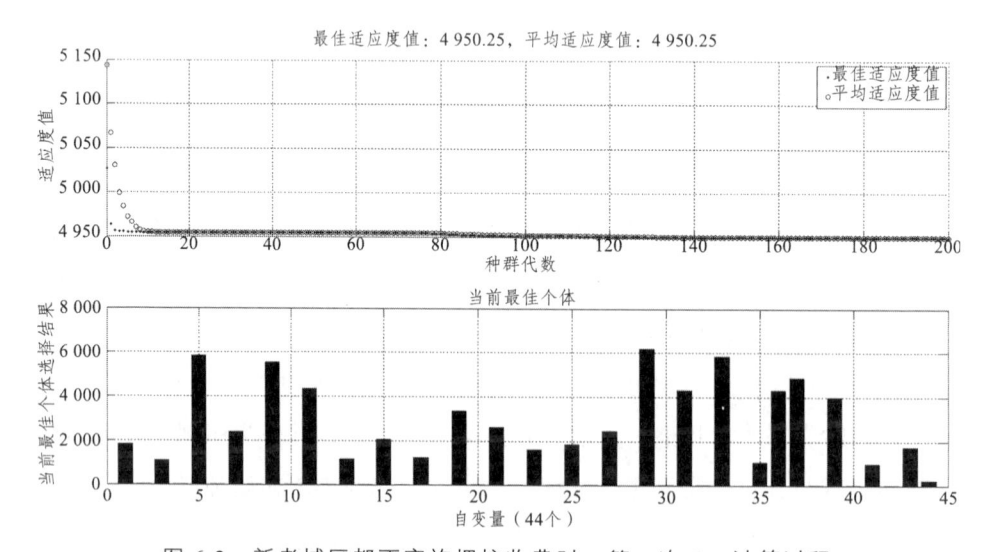

图 6-2 新老城区都不实施拥挤收费时，第一次 GA 计算过程

此时最佳适应度值和平均适应度值都为 4 950.25，GA 算法达到最大种群代数（200 代）而终止。然后将无拥挤收费时的第一次 GA 算法计算结果作为 SQP 算法的初值进行计算，本次 SQP 算法的计算结果如表 6-6 所示。

表 6-6 新老城区都不实施拥挤收费时，第一次迭代 SQP 算法计算结果

选择代号	计算结果	选择代号	计算结果	选择代号	计算结果
$p1$	1 057	$p16$	0	$p31$	2 149
$p2$	789	$p17$	1 249	$p32$	2 158
$p3$	1 083	$p18$	0	$p33$	5 844
$p4$	0	$p19$	252	$p34$	0
$p5$	2 723	$p20$	3 125	$p35$	3 522
$p6$	3 123	$p21$	2 628	$p36$	1 872
$p7$	1 924	$p22$	0	$p37$	4 874
$p8$	463	$p23$	0	$p38$	0
$p9$	4 774	$p24$	1 611	$p39$	1 673
$p10$	769	$p25$	734	$p40$	2 315
$p11$	2 039	$p26$	1 124	$p41$	980
$p12$	2 316	$p27$	2 464	$p42$	0
$p13$	0	$p28$	0	$p43$	1 989
$p14$	1 164	$p29$	3 460	$p44$	0
$p15$	2 069	$p30$	2 738		

此时，最佳目标值（即对应 GA 算法的最佳适应度值）为 1 496.9。与第一次 GA 计算的适应度值（4 950.25）相比下降了 3 453.35（降幅达 69.76%），SQP 算法对计算结果的修正效果显著。然后再把本次 SQP 算法的计算结果作为下一次 GA 算法计算的初值进行计算，反复迭代后，最后一次 GA 计算过程如图 6-3 所示。

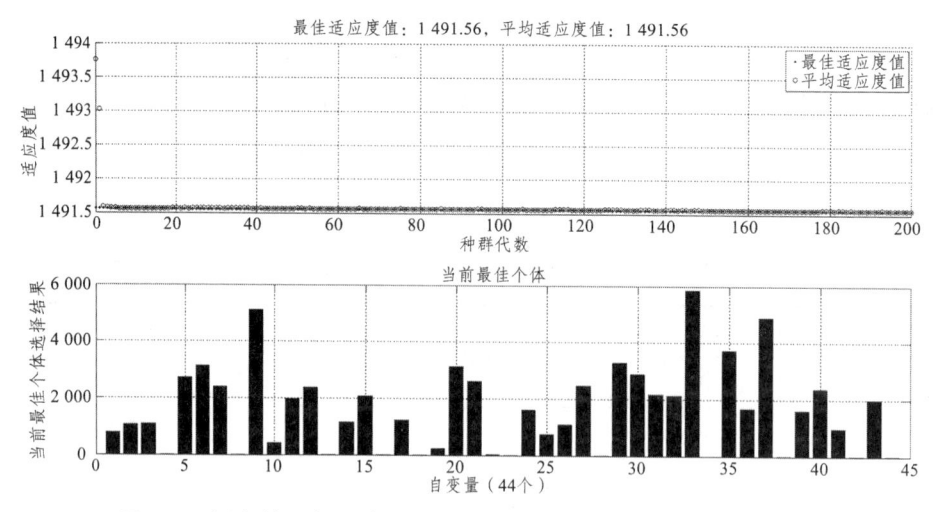

图 6-3 新老城区都不实施拥挤收费时，最后一次 GA 计算过程

此时，GA 算法达到最大种群代数（200 代）而终止，最佳适应度值和平均适应度值都为 1491.56。由此可得新老城区都不实施拥挤收费费率时，各交通小区出行者的选择结果如表 6-7 所示。

表 6-7 新老城区无实施拥挤收费时，最终计算结果

选择代号	计算结果	选择代号	计算结果	选择代号	计算结果
$p1$	779	$p16$	0	$p31$	2 174
$p2$	1 067	$p17$	1 249	$p32$	2 132
$p3$	1 083	$p18$	0	$p33$	5 844
$P4$	0	$p19$	248	$p34$	0
$p5$	2 719	$p20$	3 129	$p35$	3 718
$p6$	3 128	$p21$	2 604	$p36$	1 676
$p7$	2 387	$p22$	24	$p37$	4 874
$p8$	0	$p23$	0	$p38$	0
$p9$	5 122	$p24$	1611	$p39$	1 617
$p10$	421	$p25$	760	$p40$	2 371
$p11$	1 983	$p26$	1 098	$p41$	980
$p12$	2 372	$p27$	2 464	$p42$	0
$p13$	0	$p28$	0	$p43$	1 989
$p14$	1 164	$p29$	3 297	$p44$	0
$p15$	2 069	$p30$	2 900		

第6章 拥挤收费实施效果案例研究

代入目标函数,可得各出行OD后悔程度如表6-8所示。

表6-8 新老城区无实施拥挤收费时,各出行OD后悔程度

序号	出行OD	后悔程度/元	序号	出行OD	后悔程度/元
1	A—C	0.396 9	12	F—J	5.835 1
2	A—J	4.589 0	13	G—C	0.715 0
3	B—E	5.366 0	14	G—J	5.402 9
4	B—H	2.810 5	15	H—C	0.783 8
5	C—D	1.066 2	16	H—J	2.352 1
6	C—J	5.707 3	17	I—B	6.026 4
7	D—G	6.097 4	18	I—F	0.839 8
8	D—C	5.273 8	19	J—K	3.209 6
9	E—H	5.979 1	20	J—C	1.408 6
10	E—B	6.366 0	21	K—C	0.625 6
11	F—I	0.839 8	22	K—I	5.828 5

通过计算,此时平均出行成本为36.654 7元,则可接受后悔程度 k 等于平均出行成本的20%,即可接受后悔程度 k 等于7.330 9元。由表6-8可知,各出行OD后悔程度均小于可接受后悔程度 k,故认为此时交通系统达到稳定的均衡状态。

此时,各道路服务水平(拥堵程度)如表6-9所示。

表6-9 新老城区都不实施拥挤收费时,道路服务水平(饱和度)

路段代号	饱和度/(veh/h)	路段代号	饱和度/(veh/h)	路段代号	饱和度/(veh/h)
vc1	0.222 8	vc15	1.716 012	vc29	1.623 492
vc2	0.222 5	vc16	3.091 464	vc30	3.114 36
vc3	0.175 4	vc17	1.307 016	vc31	1.437 444
vc4	1.333 764	vc18	2.769 408	vc32	0.386 748
vc5	0.203 4	vc19	0.801 756	vc33	0.596 628
vc6	0.235 1	vc20	0.934 452	vc34	1.156 896

续表

路段代号	饱和度/(veh/h)	路段代号	饱和度/(veh/h)	路段代号	饱和度/(veh/h)
vc7	1.884 42	vc21	1.443 276	vc35	1.168 452
vc8	0.266 184	vc22	0.773 352	vc36	0.337 572
vc9	0.547 02	vc23	0.588 564	vc37	0.860 04
vc10	1.731 528	vc24	1.057 896	vc38	1.039 104
vc11	0.493 092	vc25	1.087 092	vc39	0.720 504
vc12	2.827 872	vc26	0.391 032	vc40	1.137 024
vc13	1.310 004	vc27	1.256 688	vc41	1.282 68
vc14	1.926 504	vc28	1.377 576	vc42	0.273 5

新老城区都不实施拥挤收费政策时，整体道路拥堵非常严重，整体道路服务水平为六级服务水平，平均拥堵程度（V/C）为 1.121 7 veh/h（超过 1 即可视为严重拥堵）。其中老城区路段平均饱和度（1.177 2 veh/h）略高于新城区路段平均饱和度（1.098 9 veh/h），即无拥挤收费政策时，老城区比新城区路段更堵。

新城区各小区出行者平均交通出行时间为 1.304 9 h，老城区各小区出行者平均出行时间为 1.166 3 h，新城区出行者平均出行成本 48.939 8 元（包含时间成本），老城区出行者平均出行成本 49.434 4 元（包含时间成本）。

综上所述，当新老城区都不实施拥挤收费政策时，整体道路交通系统陷入严重拥堵，老城区交通运行状况略低于新城区。

6.4.2 新老城区都实施的交通运行状况

方案二为袁州区老城区和宜阳新区都实施道路拥挤收费时的交通运行状态，具体计算过程如下。都实施道路拥挤收费时，第一次 GA 计算过程如图 6-4 所示。

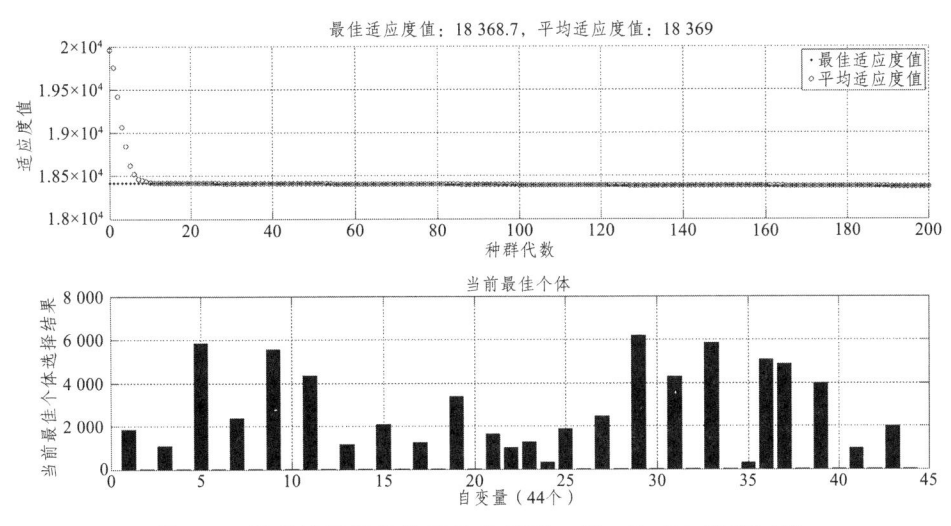

第6章 拥挤收费实施效果案例研究

图 6-4 新老城区都实施拥挤收费时，第一次 GA 计算过程

此时最佳适应度值和平均适应度值都为 18 369，GA 算法达到最大种群代数（200 代）而终止。然后将无拥挤收费时的第一次 GA 算法计算结果作为 SQP 算法的初值进行计算，本次 SQP 算法的计算结果如表 6-10 所示。

表 6-10 新老城区都实施拥挤收费时，第一次迭代 SQP 算法计算结果

选择代号	计算结果	选择代号	计算结果	选择代号	计算结果
$p1$	1 846	$p16$	0	$p31$	3 733
$p2$	0	$p17$	0	$p32$	574
$p3$	0	$p18$	1 249	$p33$	5 844
$P4$	1 083	$p19$	2 038	$p34$	0
$p5$	4 511	$p20$	1 339	$p35$	5 263
$p6$	1 335	$p21$	2 619	$p36$	131
$p7$	2 387	$p22$	9	$p37$	3 694
$p8$	0	$p23$	1 611	$p38$	1 180
$p9$	5 543	$p24$	0	$p39$	760
$p10$	0	$p25$	1 858	$p40$	3 228
$p11$	1 126	$p26$	0	$p41$	980
$p12$	3229	$p27$	0	$p42$	0
$p13$	1164	$p28$	2464	$p43$	1989
$p14$	0	$p29$	0	$p44$	0
$p15$	2069	$p30$	6197		

我国中小城市拥挤收费实施可行性研究

此时，最佳目标值（即对应 GA 算法的最佳适应度值）为 5 206.4。与第一次 GA 计算的适应度值（18 369）相比下降了 71.66%，SQP 算法对计算结果的修正效果显著。然后再把本次 SQP 算法的计算结果作为下一次 GA 算法计算的初值进行计算，反复迭代后，最后一次 GA 计算过程如图 6-5 所示。

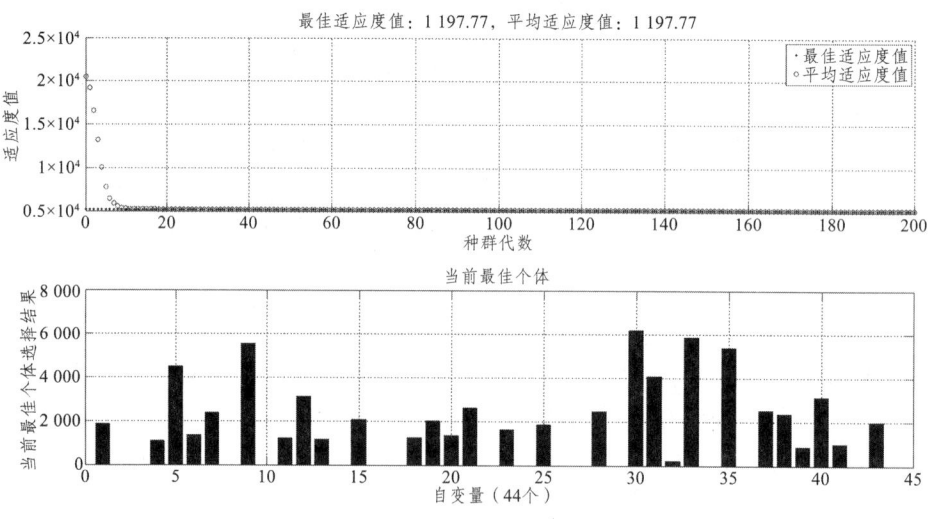

图 6-5　新老城区都实施拥挤收费时，最后一次 GA 计算过程

此时，GA 算法达到最大种群代数（200 代）而终止，最佳适应度值和平均适应度值都为 1 197.77。由此可得，新老城区都实施拥挤收费费率时，各交通小区出行者的选择结果如表 6-11 所示。

表 6-11　新老城区都实施拥挤收费时，最终计算结果

选择代号	计算结果	选择代号	计算结果	选择代号	计算结果
$p1$	1 846	$p16$	0	$p31$	1 858
$p2$	0	$p17$	1 233	$p32$	0
$p3$	0	$p18$	3 122	$p33$	0
$p4$	1 083	$p19$	1 164	$p34$	2 464
$p5$	4 511	$p20$	0	$p35$	0
$p6$	1 335	$p21$	2 069	$p36$	6 197
$p7$	1 846	$p22$	0	$p37$	4 074
$p8$	0	$p23$	0	$p38$	232

续表

选择代号	计算结果	选择代号	计算结果	选择代号	计算结果
p9	0	p24	1 249	p39	5 844
p10	1 083	p25	2 014	p40	0
p11	4 483	p26	1 363	p41	5 394
p12	1 363	p27	2 628	p42	0
p13	2 387	p28	0	p43	2 524
p14	0	p29	1 611	p44	2 350
p15	5 543	p30	0		

代入目标函数，可得各出行 OD 后悔程度如表 6-12 所示。

表 6-12 新老城区都实施拥挤收费时，各出行 OD 后悔程度

序号	出行 OD	后悔程度/元	序号	出行 OD	后悔程度/元
1	A—C	9.983 6	12	F—J	10.843 7
2	A—J	7.713 8	13	G—C	2.708 1
3	B—E	8.528 8	14	G—J	5.934 7
4	B—H	5.582 7	15	H—C	9.571 4
5	C—D	10.71 2	16	H—J	5.479 2
6	C—J	5.716 8	17	I—B	7.856 5
7	D—G	7.730 4	18	I—F	0.609 1
8	D—C	6.125 8	19	J—K	5.478 1
9	E—H	7.681 9	20	J—C	5.716 8
10	E—B	8.528 8	21	K—C	2.690 2
11	F—I	0.609 1	22	K—I	9.978 2

通过计算，此时平均出行成本为 55.229 4 元，则可接受后悔程度 k 等于平均出行成本的 20%，即可接受后悔程度 k 等于 11.045 9 元。由表 6-12 可知，各出行 OD 后悔程度均小于可接受后悔程度 k，故认为此时交通系统达到稳定的均衡状态。

此时，各道路服务水平（拥堵程度）如表 6-13 所示。

我国中小城市拥挤收费实施可行性研究

表 6-13　新老城区都实施拥挤收费时，道路服务水平（饱和度）

路段代号	饱和度/(veh/h)	路段代号	饱和度/(veh/h)	路段代号	饱和度/(veh/h)
vc1	0.35712	vc15	0.677988	vc29	2.12778
vc2	0.357012	vc16	2.85858	vc30	3.043944
vc3	0.1754	vc17	1.49436	vc31	1.276128
vc4	1.668456	vc18	0.705168	vc32	0.386712
vc5	0.2034	vc19	0.1664	vc33	0.1794
vc6	0.2351	vc20	1.15938	vc34	0.774972
vc7	2.4813	vc21	0.663804	vc35	1.380096
vc8	0.2544	vc22	0.254	vc36	0.2295
vc9	0.1755	vc23	0.2718	vc37	0.2029
vc10	3.213756	vc24	1.229472	vc38	1.603224
vc11	1.150092	vc25	1.13742	vc39	1.167912
vc12	2.820096	vc26	0.838404	vc40	1.231956
vc13	1.469808	vc27	0.971748	vc41	1.730052
vc14	3.021084	vc28	1.347588	vc42	0.597924

新老城区都实施拥挤收费政策时，整体道路拥堵非常严重，整体道路服务水平为六级服务水平，平均拥堵程度（V/C）为 1.126 0 veh/h（超过 1 即可视为严重拥堵）。其中老城区路段平均饱和度（1.161 9 veh/h）略高于新城区路段平均饱和度（1.152 0 veh/h），即都实施拥挤收费政策时，老城区比新城区路段略堵。

新城区各小区出行者平均交通出行时间为 1.238 4 h，老城区各小区出行者平均出行时间为 1.40 55 h，新城区出行者平均出行成本 53.4872 元（包含时间成本），老城区出行者平均出行成本 56.6813 元（包含时间成本）。

综上所述，当新老城区都实施拥挤收费政策时，整体道路交通系统陷入严重拥堵，老城区交通运行状况略低于新城区。

6.4.3 老城区实施的交通运行状况

方案三为袁州区老城区实施道路拥挤收费而宜阳新区不实施道路拥挤收费时的交通运行状态，具体计算过程如下。方案三实施后，第一次遗传算法计算过程如图 6-6 所示。

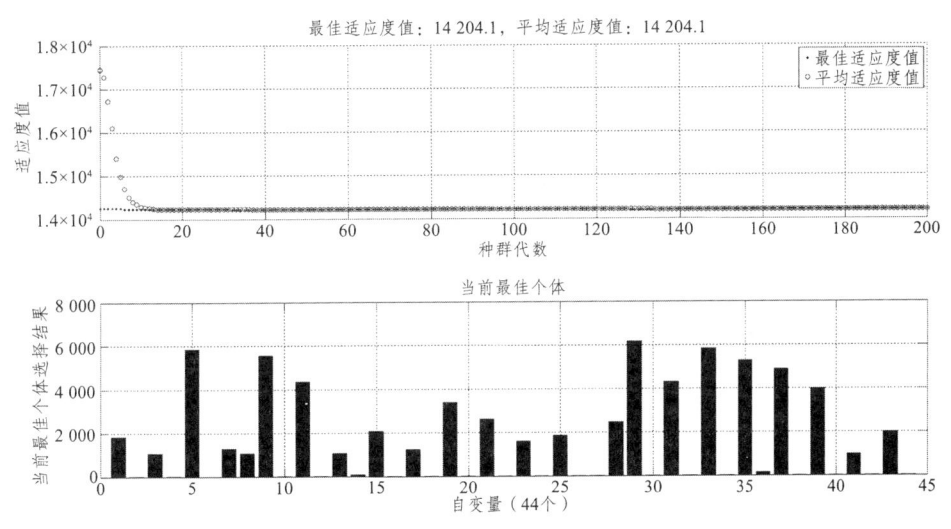

图 6-6 老城区实施拥挤收费时，第一次 GA 计算过程

此时最佳适应度值和平均适应度值都为 14 204.1，GA 算法达到最大种群代数（200 代）而终止。然后将第一次 GA 算法计算结果作为 SQP 算法的初值进行计算，本次 SQP 算法的计算结果如表 6-14 所示。

表 6-14 老城区实施拥挤收费时，第一次迭代 SQP 算法计算结果

选择代号	计算结果	选择代号	计算结果	选择代号	计算结果
$p1$	1 846	$p16$	0	$p31$	1 729
$p2$	0	$p17$	0	$p32$	2 577
$p3$	0	$p18$	1 249	$p33$	5 844
$p4$	1 083	$p19$	2 165	$p34$	0
$p5$	4 634	$p20$	1 212	$p35$	4 563.1
$p6$	1 212	$p21$	1 934	$p36$	831
$p7$	2 387	$p22$	694	$p37$	4 451
$p8$	0	$p23$	0	$p38$	423

续表

选择代号	计算结果	选择代号	计算结果	选择代号	计算结果
$p9$	5 543	$p24$	1 611	$p39$	1 141
$p10$	0	$p25$	1 858	$p40$	2 847
$p11$	1 507	$p26$	0	$p41$	980
$p12$	2 848	$p27$	0	$p42$	0
$p13$	0	$p28$	2 464	$p43$	1 989
$p14$	1 164	$p29$	0	$p44$	0
$p15$	2 069	$p30$	6 197		

此时，最佳目标值（即对应 GA 算法的最佳适应度值）为 5 299.9。与第一次 GA 计算的适应度值（14 204.1）相比下降了 62.69%，SQP 算法对计算过程的修正效果显著。然后再把本次 SQP 算法的计算结果作为下一次 GA 算法计算的初值进行计算，反复迭代后，最后一次 GA 计算过程如图 6-7 所示。

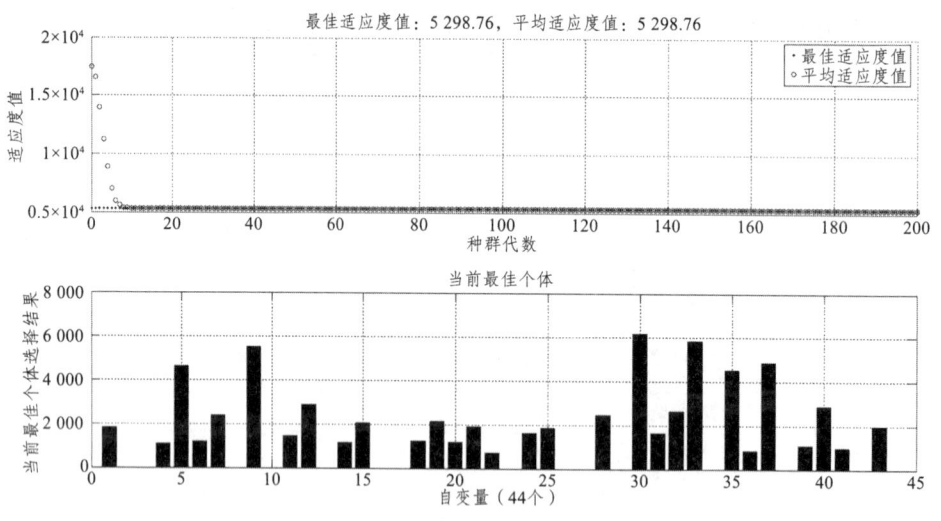

图 6-7 老城区实施拥挤收费时，最后一次 GA 计算过程

此时，GA 算法达到最大种群代数（200 代）而终止，最佳适应度值和平均适应度值都为 5 298.76。由此可得老城区实施拥挤收费时，各交通小区出行者的选择结果如表 6-15 所示。

表 6-15 老城区实施拥挤收费时，最终计算结果

选择代号	计算结果	选择代号	计算结果	选择代号	计算结果
$p1$	1 846	$p16$	0	$p31$	1 644
$p2$	0	$p17$	0	$p32$	2 662
$p3$	0	$p18$	1 249	$p33$	5 844
$p4$	1 083	$p19$	2 163	$p34$	0
$p5$	4 633	$p20$	1214	$p35$	4 536
$p6$	1 213	$p21$	1 907	$p36$	858
$p7$	2 387	$p22$	721	$p37$	4 874
$p8$	0	$p23$	0	$p38$	0
$p9$	5 543	$p24$	1 611	$p39$	1 095
$p10$	0	$p25$	1 858	$p40$	2 893
$p11$	1 462	$p26$	0	$p41$	980
$p12$	2 894	$p27$	0	$p42$	0
$p13$	0	$p28$	2 464	$p43$	1 989
$p14$	1 164	$p29$	0	$p44$	0
$p15$	2 069	$p30$	6 197		

代入目标函数，可得各出行 OD 后悔程度如表 6-16 所示。

表 6-16 老城区实施拥挤收费时，各出行 OD 后悔程度

序号	出行 OD	后悔程度/元	序号	出行 OD	后悔程度/元
1	A—C	7.556 6	12	F—J	6.353 8
2	A—J	8.857 9	13	G—C	1.462 6
3	B—E	9.595 7	14	G—J	9.233
4	B—H	5.158 9	15	H—C	5.169 2
5	C—D	3.226 5	16	H—J	3.624 9
6	C—J	1.541 1	17	I—B	1.893 5
7	D—G	4.803 9	18	I—F	1.504 5
8	D—C	7.002 6	19	J—K	3.277 7
9	E—H	8.416	20	J—C	1.294 2
10	E—B	9.595 7	21	K—C	0.625 7
11	F—I	1.504 5	22	K—I	5.601 4

通过计算，此时平均出行成本为 48.3651 元，则可接受后悔程度 k 等于平均出行成本的 20%，即可接受后悔程度 k 等于 9.6730 元。由表 6-16 可知，

各出行 OD 后悔程度均小于可接受后悔程度 k，故认为此时交通系统达到稳定的均衡状态。

此时，各道路服务水平（拥堵程度）如表 6-17 所示。

表 6-17 老城区实施拥挤收费时，道路服务水平（饱和度）

路段代号	饱和度/(veh/h)	路段代号	饱和度/(veh/h)	路段代号	饱和度/(veh/h)
$vc1$	0.222 8	$vc15$	0.339 14	$vc29$	1.252 98
$vc2$	0.222 5	$vc16$	1.442 6	$vc30$	1.752
$vc3$	0.175 4	$vc17$	0.830 2	$vc31$	0.808 62
$vc4$	0.829 92	$vc18$	0.354 24	$vc32$	0.245 5
$vc5$	0.203 4	$vc19$	0.166 4	$vc33$	0.179 4
$vc6$	0.235 1	$vc20$	0.606 16	$vc34$	0.805 2
$vc7$	1.233	$vc21$	0.571 24	$vc35$	0.726 1
$vc8$	0.254 4	$vc22$	0.254	$vc36$	0.229 5
$vc9$	0.175 5	$vc23$	0.271 8	$vc37$	0.202 9
$vc10$	1.822 94	$vc24$	0.594 46	$vc38$	0.654 26
$vc11$	0.638 94	$vc25$	0.690 96	$vc39$	0.446 38
$vc12$	1.541 72	$vc26$	0.263 32	$vc40$	0.677 78
$vc13$	0.816 56	$vc27$	0.742 32	$vc41$	0.758 68
$vc14$	1.753 4	$vc28$	0.819 54	$vc42$	0.273 5

老城区实施拥挤收费政策时，整体道路拥堵程度可以接受，整体道路服务水平为三级服务水平，平均拥堵程度（V/C）为 0.644 9 veh/h。其中老城区路段平均饱和度（0.667 7 veh/h）略高于新城区路段平均饱和度（0.655 5 veh/h），即都有拥挤收费政策时，老城区比新城区路段略堵。

新城区各小区出行者平均交通出行时间为 0.677 1 h，老城区各小区出行者平均出行时间为 0.764 6 h，新城区出行者平均出行成本 42.814 2 元（包含时间成本），老城区出行者平均出行成本 52.990 7 元（包含时间成本）。

综上所述，当老城区实施拥挤收费政策时，整体道路交通系统拥堵程度可以接受，老城区交通运行状况略低于新城区。

6.4.4 新城区实施的交通运行状况

方案四为宜阳新区实施道路拥挤收费而袁州区老城区不实施道路拥挤收费时的交通运行状态，具体计算过程如下。方案四实施后，第一次遗传算法计算过程如图 6-8 所示。

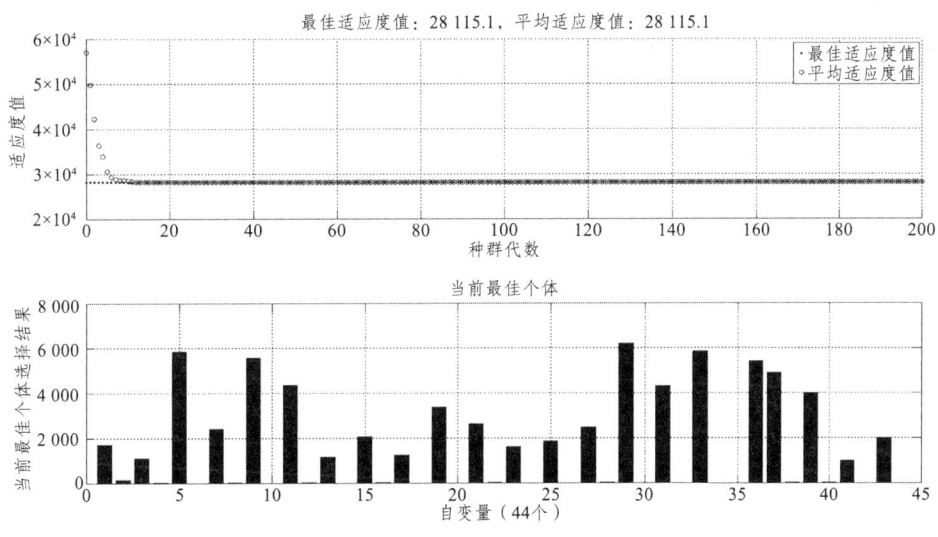

图 6-8 新城区实施拥挤收费时，第一次 GA 计算过程

此时最佳适应度值和平均适应度值都为 28115.1，GA 算法达到最大种群代数（200 代）而终止。然后将第一次 GA 算法计算结果作为 SQP 算法的初值进行计算，本次 SQP 算法的计算结果如表 6-18 所示。

表 6-18 新城区实施拥挤收费时，第一次迭代 SQP 算法计算结果

选择代号	计算结果	选择代号	计算结果	选择代号	计算结果
$p1$	1 846	$p16$	259	$p31$	3 670
$p2$	0	$p17$	0	$p32$	636
$p3$	0	$p18$	1 249	$p33$	5 844
$p4$	1 083	$p19$	1 835	$p34$	0
$p5$	4 304	$p20$	1 542	$p35$	5 188
$p6$	1 542	$p21$	2 190	$p36$	206
$p7$	2 387	$p22$	438	$p37$	3 119

续表

选择代号	计算结果	选择代号	计算结果	选择代号	计算结果
$p8$	0	$p23$	1 611	$p38$	1 755
$p9$	5 543	$p24$	0	$p39$	0
$p10$	0	$p25$	1 858	$p40$	3 988
$p11$	0	$p26$	0	$p41$	980
$p12$	4 355	$p27$	0	$p42$	0
$p13$	0	$p28$	2 464	$p43$	1 989
$p14$	1 164	$p29$	0	$p44$	3 670
$p15$	1 810	$p30$	6 197		

此时，最佳目标值（即对应遗传算法的最佳适应度值）为：4 887.8。与第一次 GA 计算的适应度值（28 115.1）相比下降了 82.62%，SQP 算法对计算过程的修正效果非常显著。然后再把本次 SQP 算法的计算结果作为下一次 GA 算法计算的初值进行计算，反复迭代后，最后一次 GA 计算过程如图 6-9 所示。

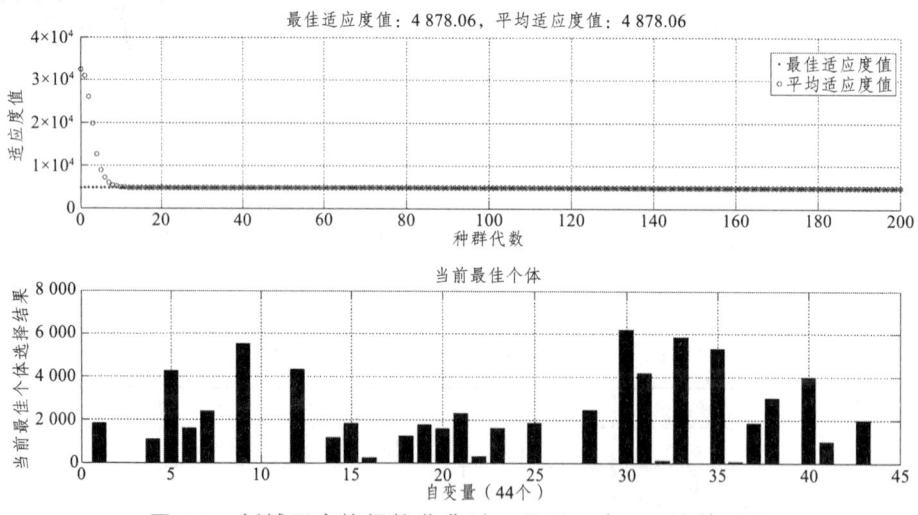

图 6-9　新城区实施拥挤收费时，最后一次 GA 计算过程

此时，GA 算法达到最大种群代数（200 代）而终止，最佳适应度值和平均适应度值都为 4 878.06。由此可得新城区实施拥挤收费时，各交通小区出行者的选择结果如表 6-19 所示。

表 6-19 新城区实施拥挤收费时,最终计算结果

选择代号	计算结果	选择代号	计算结果	选择代号	计算结果
$p1$	1 846	$p16$	245	$p31$	4 178
$p2$	0	$p17$	0	$p32$	128
$p3$	0	$p18$	1 249	$p33$	5 844
$p4$	1 083	$p19$	1 783	$p34$	0
$p5$	4 251	$p20$	1 594	$p35$	5 319
$p6$	1 595	$p21$	2 318	$p36$	76
$p7$	2 387	$p22$	310	$p37$	1 852
$p8$	0	$p23$	1 611	$p38$	3 022
$p9$	5 543	$p24$	0	$p39$	0
$p10$	0	$p25$	1 858	$p40$	3 988
$p11$	0	$p26$	0	$p41$	980
$p12$	4 355	$p27$	0	$p42$	0
$p13$	0	$p28$	2 464	$p43$	1 989
$p14$	1 164	$p29$	0	$p44$	0
$p15$	1 825	$p30$	6 197		

代入目标函数,可得各出行 OD 后悔程度如表 6-20 所示。

表 6-20 新城区实施拥挤收费时,各出行 OD 后悔程度

序号	出行 OD	后悔程度/元	序号	出行 OD	后悔程度/元
1	A—C	0.915 5	12	F—J	8.498 4
2	A—J	8.915 1	13	G—C	7.054 1
3	B—E	6.857 6	14	G—J	4.580 5
4	B—H	5.599	15	H—C	8.881 1
5	C—D	3.318 8	16	H—J	5.464 3
6	C—J	2.264 4	17	I—B	6.896 6
7	D—G	8.706 8	18	I—F	4.541 4
8	D—C	3.569 4	19	J—K	7.421 1
9	E—H	6.538 8	20	J—C	2.264 4
10	E—B	6.857 6	21	K—C	5.282 7
11	F—I	4.541 4	22	K—I	6.188 3

通过计算，此时平均出行成本为 47.1710 元，则可接受后悔程度 k 等于平均出行成本的 20%，即可接受后悔程度 k 等于 9.4342 元。由表 6-20 可知，各出行 OD 后悔程度均小于可接受后悔程度 k，故认为此时交通系统达到稳定的均衡状态。

此时，各道路服务水平（拥堵程度）如表 6-21 所示。

表 6-21　新城区实施拥挤收费时，道路服务水平（饱和度）

路段代号	饱和度/（veh/h）	路段代号	饱和度/（veh/h）	路段代号	饱和度/（veh/h）
$vc1$	0.297 6	$vc15$	0.651 69	$vc29$	1.711 92
$vc2$	0.297 51	$vc16$	2.209 77	$vc30$	2.070 45
$vc3$	0.175 4	$vc17$	1.245 3	$vc31$	1.160 76
$vc4$	1.214 31	$vc18$	0.674 34	$vc32$	0.322 26
$vc5$	0.203 4	$vc19$	0.166 4	$vc33$	0.179 4
$vc6$	0.235 1	$vc20$	1.259 34	$vc34$	0.370 14
$vc7$	1.803 63	$vc21$	0.540 09	$vc35$	1.460 85
$vc8$	0.254 4	$vc22$	0.254	$vc36$	0.229 5
$vc9$	0.175 5	$vc23$	0.271 8	$vc37$	0.202 9
$vc10$	2.591 46	$vc24$	0.412 38	$vc38$	1.730 82
$vc11$	0.958 41	$vc25$	1.355 97	$vc39$	0.986 31
$vc12$	2.407 89	$vc26$	0.711 75	$vc40$	0.955 68
$vc13$	1.224 84	$vc27$	0.796 71	$vc41$	1.454 76
$vc14$	2.344 17	$vc28$	1.061 73	$vc42$	0.582 27

新城区实施拥挤收费政策时，整体道路较为拥堵，整体道路服务水平为五级服务水平，平均拥堵程度（V/C）为 0.963 6 veh/h。其中老城区路段平均饱和度（0.962 9 veh/h）略低于新城区路段平均饱和度（0.965 3 veh/h），即都有拥挤收费政策时，新城区比老城区路段略堵。

新城区各小区出行者平均交通出行时间为 0.880 6 h，老城区各小区出行者平均出行时间为 0.945 3 h，新城区出行者平均出行成本 51.321 1 元（包含时间成本），老城区出行者平均出行成本 43.712 7 元（包含时间成本）。

综上所述，当新城区实施拥挤收费政策时，整体道路交通系统负荷接近饱和，老城区交通运行状况略低于新城区。

6.5 主要结论

本章通过对比我国典型四线城市——江西省宜春市袁州区在拥挤收费实施前后交通系统的运行状态，来说明拥挤收费在现实中小城市交通场景中的实施效果和必要性。

通过对比拥挤收费政策的 4 个实施方案，发现当新老城区拥挤收费都不实施和新老城区拥挤收费都实施的情况下，系统的交通拥堵情况十分严重。在这种情况下，随着拥挤收费的征收，交通拥堵并未得到缓解，交通出行成本显著上升。考虑到新老城区相应路段同时收取等值的拥挤收费费用，实际上交通出行选择行为并未随着拥挤收费的征收而发生显著改变，然而交通出行成本却必然随着缴纳的拥挤收费显著提高。可以认为在江西省宜春市袁州区交通场景中，同时对新老城区征收拥挤收费的实施方案是不可取的。

当新城区实施拥挤收费、老城区不实施拥挤收费时，相比拥挤收费政策实施前，路段平均拥堵程度下降了 14.09%，交通出行者平均出行时间下降了 32.52%，可以认为仅对新城区实施拥挤收费政策，可以显著改变交通出行者的出行选择行为，这种改变将有效改善交通拥堵情况，减少交通出行时间。考虑交通出行成本，老城区交通出行者平均出行成本下降了 11.57%，新城区交通出行者平均出行成本上升了 4.87%，可以认为相对于老城区交通出行成本的有效降低，新城区交通出行成本的增加可以接受。

当老城区实施拥挤收费、新城区不实施拥挤收费时，相比拥挤收费政策实施前，路段平均拥堵程度下降了 42.51%，交通出行者平均出行时间下降了 48.11%，可以认为仅对老城区实施拥挤收费政策，可以显著改变交通出行者的出行选择行为，这种改变将有效改善交通拥堵情况，减少交通出行时间。考虑交通出行成本，新城区交通出行者平均出行成本下降了12.52%，老城区交通出行者平均出行成本上升了 7.19%，可以认为相对于新城区交通出行成本的有效降低，老城区交通出行成本的增加可以接受。

相比仅对新城区实施拥挤收费政策时，路段平均拥堵程度下降了33.07%，新城区交通出行者平均出行时间下降了23.11%，老城区交通出行者平均出行时间下降了19.12%，可以认为对于改善交通拥堵状况、减少交通出行时间方面，仅对老城区实施拥挤收费政策是最有效果的实施方案。

如果考虑宜阳新区和老城区居民消费水平的差异性，则拥挤收费政策的实施效果如何变化值得进一步研究。

参考文献

[1] 范晓威,张勇,徐志浩,等.世界军运会交通需求管理政策研究及实施效果[J].公路与汽运,2021(2):29-33.

[2] 李晓玉,苏跃江,崔昂.广州市交通需求管理策略应用与思考[J].交通与港航,2020,7(6):13-22.

[3] 马骅.交通需求管理的政策体系与城市实践[J].公共治理评论,2019(1):103.

[4] 刘炳全,度巍.双模式网络停车限制交通需求管理模型与方法研究[J].运筹与管理,2020,29(9):218-223.

[5] 禹乐文,刘仕焜.低碳背景下城市交通需求管理策略[J].综合运输,2019,41(7):18-25.

[6] 余水仙,杨涛,钱林波,等.国内外特大城市交通需求管理政策与实施效果比较研究[J].交通与港航,2020,7(6):23-30.

[7] 熊杰,陈彪,李向楠,陈艳艳,等.大数据支撑下的交通需求管理体系研究[J].城市交通,2019,17(3):39-47.

[8] 蔡润林,邹歆.苏州交通需求管理政策框架研究[J].交通与运输(学术版),2018(1):16-20.

[9] 包贤珍.小汽车增量调控背景下交通需求管理策略分析——以深圳市为例[J].交通世界,2017(23):3-5.

[10] 李庆印,孙立,孙锋,等.交通需求管理创新机制研究[J].农业装备与车辆工程,2016,54(3):10-13.

[11] 张卫华,陈俊杰,江楠.考虑交通能源消耗的出行需求管理策略研究[J].系统工程学报，2015, 30（4）：566-574.

[12] 沈颖洁, 韩宝睿, 马健霄. 大都市近郊通勤交通需求管理策略[J]. 重庆交通大学学报（自然科学版），2014, 33（6）：118-121.

[13] 谭永朝，高杨斌，郑瑾，等. 杭州市"错峰限行"交通需求管理措施实践[J]. 城市交通，2012, 10（5）：24-29.

[14] 祝进城，肖峰，帅斌，刘晓波. 城市出租车拥挤收费[J]. 吉林大学学报（工学版），2015, 45（1）：89-96.

[15] 姚红云，张小宁，孙立军. 弹性需求下多类型用户拥挤收费模型[J]. 中国公路学报，2008, 21（6）：102-108.

[16] 胡怡玮，李正刚，胡万欣，等. 基于变权层次分析法的拥挤收费路径选择研究[J]. 重庆交通大学学报（自然科学版），2014, 33（6）：127-130, 170.

[17] 赵昕，关宏志，夏晓敬. 拥挤收费条件下旅游出行方式分担率模型[J]. 长安大学学报自然科学版，2015, 35（1）：106-110.

[18] 眭荣亮，谭建春. 拥挤收费下居民出行方式选择——基于累积前景理论的分析[J]. 重庆师范大学学报自然科学版，2014, 31（3）：130-134.

[19] 王瑜. 考虑公务出行的拥挤收费效果研究[J]. 重庆交通大学学报（自然科学版），2015, 34（1）：121-126, 139.

[20] 李志瑶，隽志才，宗芳. 居民出行时间选择及拥挤收费政策[J]. 交通运输工程学报，2005, 5（3）：105-110.

[21] ZANGUI M, YIN Y, LAWPHONGPANICH S, et al. Differentiated congestion pricing of urban transportation networks with vehicle-tracking technologies. Transportation Research Part C, 2013, 36: 434-445.

[22] TANIGUCHI, E, HIRAO, H. Estimating benefits of travel demand management measures. Ninth International Conference on Urban Transport and the Environment for the 21st Century, Urban Transport IX, 2003, 14: 505-514.

[23] YIN Y, LI Z C, LAM W H K, CHOI K. Sustainable toll pricing and capacity investment in a congested road network: A Goal Programming Approach. Journal of Transportation Engineering, 2014, 140(12).

[24] OHAZULIKE A E, STILL G, KERN W, et al. An origin–destination based road pricing model for static and multi-period traffic assignment problems. Transportation Research Part E: Logistics and Transportation Review, 2013, 58: 1-27.

[25] BERG A C, VERHOEF E T. Congestion pricing in a road and rail network with heterogeneous values of time and schedule delay. Transportmetrica A: Transport Science, 2014, 10(5): 377-400.

[26] LETCHFORD A N, NASIRI S D, OUKIL A. Pricing routines for vehicle routing with time windows on road networks. Computers & Operations Research, 2014, 51: 331-337.

[27] Percoco M. The impact of road pricing on housing prices: Preliminary evidence from Milan. Transportation Research Part A: Policy and Practice, 2014, 67: 188-194.

[28] SORENSEN C H, ISAKSSON K, MACMILLEN J, et al. Strategies to manage barriers in policy formation and implementation of road pricing packages. Transportation Research Part A: Policy and Practice, 2014, 60: 40-52.

[29] JONES P. Gaining public support for road pricing through a package approach. Traffic Engineering and Control, 1991, 32(4): 194-196.

[30] VONK N D, ANNEMA J A, WEE B. Policy implementation lessons from six road pricing cases. Transportation Research Part A: Policy and Practice, 2014, 59: 172-191.

[31] SARLAS G, PAPATHANASOPOULOU V, ANTONIOU C. Simulation-based analysis of road-pricing prospects for athens, Greece. Journal of

Urban Planning and Development, 2013, 139(3): 206-215.

[32] GOODWIN P B, JONES P M. Road pricing: the political and strategic possibilities. European Conference of Ministers of Transport, 1989: 5-59.

[33] SMALL K A. Using the revenues from congestion pricing. Transportation, 1992: 359-381.

[34] FARELL S, SALEH W. Road-user charging and the modelling of revenue allocation. Transport Policy, 2005: 431-442.

[35] 张结海. 后悔的一致性模型：理论和证据[J]. 心理学报，1999，31（4）：451-459.

[36] 鲜于建川，隽志才，朱泰英. 后悔理论视角下的出行选择行为[J]. 交通运输工程学报，2012，12（3）：67-72，100.

[37] 张顺明，叶军. 后悔理论述评[J]. 系统工程，2009，27（2）：45-59.

[38] 张晓，樊治平，陈发动. 基于后悔理论的风险型多属性决策方法[J]. 系统工程理论与实践，2013，33（9）：2313-2320.

[39] 闫祯祯，刘锴，王晓光. 基于后悔理论的交通信息感知价值[J]. 交通运输系统工程与信息，2013，13（4）：76-83，163.

[40] POORSEPAHY-SAMIAN H, KERACHIAN R, NIKOO MR. Water and pollution discharge permit allocation to agricultural zones: application of game theory and min-max regret analysis. Water Resources Management, 2012, 26(14): 4241-4257.

[41] RAMOS G de M, DAAMEN W, HOOGENDOORN S. Expected utility theory, prospect theory, and regret theory compared for prediction of route choice behavior. Transportation Research Record: Journal of the Transportation Research Board, 2011, 2230: 19-28.

[42] 刘天亮，欧阳恋群，黄海军. ATIS 作用下的混合交通行为网络与效率损失上界[J]. 系统工程理论与实践，2007（4）：154-159.

[43] 秦萍，陈颖翱，徐晋涛，等. 北京居民出行行为分析：时间价值和交通

需求弹性估算[J]. 经济地理，2014，34（11）：17-22.

[44] 孙亚南，胡立伟，祁首铭，等. 城市道路交通拥塞对驾驶人操作行为影响研究[J]. 武汉理工大学学报交通科学与工程版，2014，38（6）：1385-1388.

[45] 周家中，张殿业. 多模式交通网络下的城市交通出行链行为模型[J]. 华南理工大学学报自然科学版，2014，42（2）：125-131.

[46] 耿雪，关宏志，王迎晖. 非黄金周旅游交通行为调查分析——以北京市城市型旅游交通为例[J]. 城市交通，2008，6（2）：68-72.

[47] 吴文祥，黄海军，范景军. 交通信息对交通行为的影响和信息发布策略研究的一个新模型[J]. 系统工程理论与实践，2008（3）：144-150.

[48] 吴文祥，黄海军. 平行路径网络中信息对交通行为的影响研究[J]. 管理科学学报，2003，6（2）：12-16.

[49] 石建军，常书金. 交通信息与交通行为控制[J]. 石家庄铁道学院学报自然科学版，2008，21（4）：39-43.

[50] 关宏志，邵洁，李亚茹，等. 自驾车旅游交通行为分析模型[J]. 城市交通，2005，3（4）：59-62.

[51] JAMSON A H, MERAT N, CARSTEN O M J, et al. Behavioural changes in drivers experiencing highly-automated vehicle control in varying traffic conditions. Transportation Research Part C: Emerging Technologies, 2013, 30: 116-125.

[52] 巩继伟，周永辉. 多目标连续博弈混合弱 Pareto-Nash 平衡点的存在性[J]. 贵州师范大学学报（自然科学版），2010，28（1）：81-84.

[53] 邓宏钟，谭跃进. 多人混合博弈的仿真分析[J]. 管理科学学报，2002，5（4）：77-82.

[54] 曾思育，傅国伟. 混合博弈在水污染系统控制中的应用[J]. 系统工程理论与实践，2001（5）：132-136.

[55] 王宇，徐名海，迟欢，等. 基于混合博弈的虚拟网络动态资源分配模型

[J]. 电信科学, 2013 (3): 48-55.

[56] 谢能刚, 岑豫皖, 孙林松, 等. 基于混合行为博弈的多目标仿生设计方法[J]. 力学学报, 2008, 40 (2): 229-237.

[57] 赵俊军, 成卫, 钱春华, 等. 基于混合理性的路径诱导演化博弈模型[J]. 公路与汽运, 2014 (6): 35-38.

[58] 刘宗谦, 于加尚, 李江峰. 连续博弈中的混合策略性质及其均衡[J]. 首都师范大学学报（自然科学版）, 2007, 28 (2): 13-18.

[59] 肖鹏, 胡志刚. 云环境中基于混合博弈的虚拟资源定价模型[J]. 计算机集成制造系统, 2014, 20 (1): 198-206.

[60] BAR-GERA H, HELLMAN F, PATRIKSSON M. Computational precision of traffic equilibria sensitivities in automatic network design and road pricing. Transportation Research Part B: Methodological, 2013, 57: 485-500.

[61] ZHU J, TANG H, LIU J. An extended audit sampling algorithm based on mixed game. WIT Transactions on Information and Communication Technologies, 2014, 61: 1193-1202.

[62] WU Z, DANG C, KARIMI H R, et al. A mixed 0-1 linear programming approach to the computation of all pure-strategy nash equilibria of a finite n-person game in normal form. Mathematical Problems in Engineering, 2014, 1-8.

[63] 李茂军, 朱陶业, 童调生. 单亲遗传算法与传统遗传算法的比较研究[J]. 系统工程, 2001, 19 (1): 61-65.

[64] 琚洁慧. 改进适应度函数的遗传算法[J]. 电脑知识与技术, 2005 (15): 80-83.

[65] 黄克艰. 基于MATLAB和遗传算法的混流装配线投产顺序研究[J]. 上海汽车, 2007 (11): 29-32.

[66] 范瑜, 金荣洪, 耿军平, 等. 基于差分进化算法和遗传算法的混合优化算法及其在阵列天线方向图综合中的应用[J]. 电子学报, 2004 (12):

1997-2000.

[67] 王晓华，杨娜. 基于遗传算法的参数优化估算模型[J]. 电子世界，2012（24）：118-119.

[68] 冷亮，杜庆东. 基于遗传算法解决车辆最优路径诱导问题[J]. 信息通信，2012（2）：14-15.

[69] 秦国经，任庆昌. 基于遗传算法寻优的 PID 控制与仿真[J]. 中国西部科技，2011（11）：12-14.

[70] 王雪松，赵跃龙. 遗传算法优化小波神经网络的网络流量预测[J]. 计算机系统应用，2015，24（1）：180-184.

[71] 令狐选霞，徐德民，张宇文. 一种新的改进遗传算法 ——混合式遗传算法[J]. 系统工程与电子技术，2001，23（7）：95-97.

[72] 吴超峰. 基于可替换路径对的交通分配研究[D]. 合肥：合肥工业大学，2018：15-19.

[73] 姚凯斌. 基于元胞传输模型的城市路网交通分配方法研究[D]. 广州：华南理工大学，2017：43-46.

[74] 刘晓玲. 拥堵交通流分配和道路网络容量计算理论与方法研究[D]. 北京：北京交通大学，2017：11-13.

[75] 高苏鎏. 静态交通分配模型及其求解算法研究[D]. 南宁：广西大学. 2012：22-24.

[76] 孙琦，袁才鸿. 基于改进蚁群系统的动态交通分配[J]. 农业装备与车辆工程，2021，59（2）：105-109.

[77] 张强. 环岛中心型路网交通流分配模型研究[D]. 北京：中国人民公安大学，2020：83-87.

[78] 朱泽坤. 环境可持续下的交通网络动态均衡分配研究[D]. 广州：华南理工大学，2020：16-19.

[79] 荣博盛. 考虑碳排放的连续型动态交通流分配模型及算法研究[D]. 北京：北京交通大学，2019：11-16.